Henry Potonié

Ueber die Zusammensetzung der Leitbündel bei den Gefasskryptogamen

Henry Potonié

Ueber die Zusammensetzung der Leitbündel bei den Gefasskryptogamen

ISBN/EAN: 9783743697607

Hergestellt in Europa, USA, Kanada, Australien, Japan

Cover: Foto ©Andreas Hilbeck / pixelio.de

Weitere Bücher finden Sie auf **www.hansebooks.com**

Ueber die

Zusammensetzung der Leitbündel

bei den

Gefässkryptogamen.

Von

Henry Potonié.

Besonders abgedruckt aus:

Jahrbuch des Kgl. botan. Gartens u. botan. Museums zu Berlin. II. 1883.‹

BERLIN 1883.

GEBRÜDER BORNTRAEGER

(ED. EGGERS).

Ueber die Zusammensetzung der Leitbündel bei den Gefässkryptogamen.

Von

Henry Potonié,

Zweitem Assistenten des Kgl. botanischen Gartens zu Berlin.

(Mit einer Tafel.)

———

Vorbemerkung.

In den folgenden Blättern wird beabsichtigt, eine Betrachtung der Leitbündel-Structur der Gefässkryptogamen zu geben auf Grund anatomisch-physiologischer Principien im Sinne S. Schwendener's. Die Aufgabe der Pflanzen-Anatomie besteht hiernach in der Erkenntniss und Beschreibung des Baues und der Einrichtungen der Apparate, Organe, zum Zweck des Verständnisses der Beziehungen zwischen Bau und Function. Das erstrebte Ziel ist eine Physiologie der Gewebe: die Erkenntniss der Bedeutung der anatomischen Organe für das Leben der Gewächse.[1])

I. Zur Terminologie.

1.

Die Betrachtung der anatomischen Verhältnisse in der angegebenen Richtung hat zu neuen Begriffen geführt; solche aber verlangen neue Worte, und so wird naturgemäss im Folgenden die durch Schwendener und seine Schule geschaffene Terminologie Anwendung finden. Die übrigen Termini sind in der von A. de Bary in seiner Vergleichenden Anatomie[2]) gebrauchten Fassung verwerthet worden.

Es kann nicht zweifelhaft sein, dass nach dem hier angedeuteten Standpunkte die Begriffe der Anatomie nicht blos histologische, sondern wesentlich physiologische sein müssen, dass also das Hauptcriterium zur Bildung derselben physiologische Data bilden müssen. Nun ist es

---

1) Vergl. Schwendener's Akademische Antrittsrede im Monatsber. d. k. preuss. Akad. d. Wiss. zu Berlin vom Juli 1880, p. 621—623.

2) Leipzig, 1877.

selbstverständlich, dass manche gewisse Funktionen verrichtenden Organe bei gegebenen Elementen eine bestimmte Anordnung der letzteren und in manchen Fällen vielleicht auch, was übrigens noch specieller nachzuweisen wäre, eine besondere Entwickelung erfordern, um die ihnen zukommende Funktion überhaupt verrichten zu können. Soweit daher diese morphologischen Data durch die beabsichtigte Funktion nothwendig gefordert werden, treffen morphologische Eigenthümlichkeiten und physiologische Verrichtungen zusammen und das Organ lässt sich in allen Fällen morphologisch- (anatomisch-)physiologisch benennen. Aber sobald das Wesen einer Funktion einen grösseren Spielraum für die morphologische Gestaltung und Entwickelung zulässt, mit anderen Worten, wenn verschiedenartig gebaute und entwickelungsgeschichtlich auf ungleiche Weise entstandene Organe oder anatomische Systeme trotzdem der gleichen Funktion vorstehen, wie dies nicht selten vorkommt, so lässt sich ein für alle Pflanzen passender morphologisch-physiologischer Terminus für ein solches Organ nicht bilden.

Es soll hiermit nur auf die bekannte Thatsache hingewiesen werden, dass nicht überall eine bestimmte Funktion auch einen bei allen Arten durchaus übereinstimmenden Bau und noch weit weniger eine gleiche Entwickelung bedingt. Namentlich ist dann ein besonderer Bau eines anatomischen Organes am ehesten zu erwarten, wenn es durch Anpassung aus einem Organ, dessen Funktion ursprünglich eine andere war, entstanden ist. Solche Organe können nämlich noch in ihrem späteren Baue, besonders wenn die Anpassung neueren Datums ist, Eigenthümlichkeiten beibehalten, die an ihre frühere Funktion erinnern.

Es ist auch sonst eine allgemein anerkannte Thatsache, dass Bildungen, welche von der verschiedenartigsten morphologischen Natur sind, dennoch der gleichen Lebensverrichtung vorstehen können, und dass die Genesis von Organen mit übereinstimmender Funktion in so verschiedener Weise wie nur möglich vor sich gehen kann. Es kann eben dasselbe in verschiedener Weise erreicht werden; aber hierbei müssen doch immer Bau und Funktion in unmittelbarer Wechselbeziehung stehen: sie dürfen sich nicht widersprechen. Die Construction eines Apparates ist abhängig von dem, was er leisten soll.

In Uebereinstimmung mit der angedeuteten Aufgabe der Anatomie werden wir also im Folgenden überall, wo unsere Kenntnisse es uns gestatten, bei der Wahl der Begriffe in erster Linie nach physiologischen Gesichtspunkten verfahren.

In diesem Sinne soll nun im Folgenden für die Gefässkryptogamen eine Begriffsbestimmung des Wortes Leitbündel und seiner Systeme versucht und sodann eine Betrachtung der Anordnung der Bündel-Elemente bei den verschiedenen Abtheilungen der Farne vorgenommen werden.

2.

Die Nomenclatur der Gewebe-Arten der Farnkräuter ist durch Herübernahme der für die Phanerogamen gebrauchten Begriffe geschaffen worden. Diejenigen Systeme, welche in irgend einer Beziehung in physiologischer oder rein morphologischer (genetischer) Hinsicht eine Aehnlichkeit mit den Systemen der Phanerogamen aufwiesen, erhielten die gleichen Bezeichnungen. So pflegt man bei den Filicineen das Gewebe der Leitbündel in Phloëm und Xylem einzutheilen. Allein wenn man hieraus den Schluss ziehen wollte, dass durch diese Bezeichnungsweise auf eine gleichartige Construction oder Funktion der betreffenden Gewebe-Theile gedeutet werden soll, so würde man bekanntlich fehlgehen. Es haben also die Begriffe Phloëm und Xylem keinen physiologischen Sinn; aber auch ein morphologischer Sinn kommt ihnen ebensowenig zu. C. Nägeli[1]) hatte ursprünglich die genannten Ausdrücke nur mit Rücksicht auf die Lage der damit bezeichneten Gewebetheile zum Cambium aufgestellt. Ein solches Cambium kommt nun bei den Farnkräutern, mit Ausnahme eines später zu erwähnenden, obendrein zweifelhaften Falles, gar nicht vor.

Die Uebertragung geschah auf Grund einiger Elemente, die im Xylem und Phloëm der Phanerogamen sich regelmässig finden und deren physiologische Aequivalente bei den Gefässkryptogamen ebenfalls in getrennten Bündeltheilen vorkommen. Es sind dies die Tracheïden[2]) der Farnkräuter und die Gefässe bei den Phanerogamen im Xylem und die Siebelemente der Gefässkryptogamen und Phanerogamen im Phloëm. Zu diesen kommen gewöhnlich bei den Farnkräutern und Phanerogamen vorwiegend Stärke führende parenchymatische Zellen, die sowohl den Tracheen als auch dem Siebtheil beigemengt sein können. Die Phanerogamen jedoch besitzen meist daneben noch Elemente in ihrem Xylem und Phloëm, welche, wenn sie bei den Filicineen vorkommen, gewöhnlich das Bündel zu äusserst umgeben, oder diesem doch aussen angelagert erscheinen. Es ist dies der echte Bast im Phloëm und das Libriform im Xylem der Dicotylen und die diesen Geweben anatomisch und physiologisch entsprechenden sogenannten Sklerenchym-Scheiden und -Belege der Gefässkryptogamen. Wenn nun auch die gleiche Anordnung der echten Bastzellen bei den Phanerogamen vorkommt (*Monocotylen, Primulaceen*) und auch in diesem Falle dieselben von den meisten Autoren nicht zum Bündel, sondern zum „Grundgewebe" gerechnet werden, so fehlen doch diesen Phanerogamen — in ihrem Phloëm wenigstens — die Stärke führenden parenchymatischen mit dem Holzparenchym übereinstimmenden Zellen. F. Hegelmaier sagt daher

---

1) Beiträge zur wissenschaftlichen Botanik, Leipzig 1859, I, p. 9.
2) Wir werden später sehen, dass dieser Ausdruck zu verwerfen ist. Vorläufig behalte ich ihn noch bei.

auch[1]), dass die Anwendung der Begriffe Phloëm und Xylem auf
die jetzt so genannten Theile der *Lycopodien*-Bündel etwas Willkür-
liches hat. Xylem und Phloëm ist also bei den Gefässkryptogamen
etwas anderes als bei den Phanerogamen. Es kann nach dem Gesagten hier unter Phloëm weiter nichts als der die Siebelemente enthaltende Theil und unter Xylem der die
Tracheen umfassende Theil des Bündels verstanden werden,
ohne mit diesen Begriffen eine bestimmte Umgrenzung der
bezüglichen Gewebetheile zu verbinden.

E. Russow[2]) legt den Begriffen Xylem und Phloëm eine morphologische Bedeutung bei in descendenz-theoretischem Sinne. Er stellt
sich vor, dass das Phloëm der Phanerogamen genetisch mit dem Phloëm
der Filicineen zusammenhängt und ebenso für das Xylem. Indessen
ist diese Anschauung so äusserst hypothetischer Natur, dass man diese
vorläufig und vermuthlich überhaupt nicht zu begründende Meinung
auch nicht als Grundlage weiterer Untersuchungen verwerthen sollte.
Die „Sklerenchymbelege", welche oft die Bündel der Farnkräuter
umgeben, hängen nach dem genannten Autor[3]) ebenfalls mit den
Bastscheiden, wie sie häufig Phanerogamen (*Monocotylen*, *Primulaceen* u. a.) zeigen, phylogenetisch zusammen. Russow[4]) giebt an,
dass bei den Phanerogamen wie bei den Filicineen die Bastbelege aus
dem Grundgewebe entstünden; allein in den Fällen, wie sie G. Haberlandt[5]) beschreibt, wo nämlich eine einheitliche Cambiumanlage der
Mestombündel und ihrer Stereombelege angetroffen wird, stösst diese
Auffassung auf Widersprüche.

II. Der Begriff des Leitbündels bei den Gefässkryptogamen.

Ein Leitbündel ist eine anatomisch-physiologische Einheit hoher
Ordnung. Demselben liegt ob, Nährstoffe und Wasser nach den Stellen
des Verbrauchs und nach den Aufspeicherungsorten hin zu befördern.
Daneben dienen die Bündel in vielen Organen offenbar als Nährstoff-
und Wasserreservoire.

In vielen Fällen werden die Bündel von einer Skelet-Röhre oder
von Skelet-Strängen („Sklerenchymbelege") begleitet, und da diese
unzweifelhaft zum Schutz des Bündels gegen mechanische Einflüsse
vorhanden sind und daher physiologisch zum Bündel gehören, so müssen
naturgemäss diese Skelet-Apparate auch zum Bündel gerechnet werden.

---

1) Botan. Zeitung 1872, Spalte 776.
2) Betrachtungen über das Leitbündel- und Grundgewebe etc. Dorpat, 1875.
3) l. c. p. 8.
4) l. c. p. 6 etc.
5) Die Entwickelungsgeschichte des mechanischen Gewebesystems der Pflanzen.
Leipzig, 1879, p. 19—25.

Sie entstehen, wie Haberlandt[1]) für die Phanerogamen nachgewiesen hat, entweder aus Procambium oder, wie wir später für die Farnkräuter sehen werden, aus dem Grundparenchym. — Als Grundparenchym bezeichnet Haberlandt[2]) jenes Gewebe, „welches in der jungen Sprossspitze nach Anlage sämmtlicher aus dem Urmeristem hervorgehender Cambiummassen und der Epidermis übrig bleibt." Will man nur die Nahrung und Wasser leitenden Elemente zusammenfassen, so besitzen wir hierfür den von Schwendener[3]) eingeführten Ausdruck Mestom. Derselbe ist schon deshalb nothwendig, weil bei manchen Farnkräutern, z. B. im Blattstiel von *Gleichenia dicarpa*, *Hymenophyllum demissum* und *Lygodium japonicum* das ganze Grundparenchym in mechanisches Gewebe, Stereom, übergeht, welches in diesen Fällen nicht allein die Mestom-Elemente einschliesst und schützt, sondern gleichzeitig das biegungsfeste Gerüst des Stieles vorstellt. Aehnlich ist es bei den Baumfarn, den *Cyatheaceen*. Hier werden die grossen peripherischen, häufig V- oder W-förmig gebogenen Mestombündel ebenfalls von Stereom umgeben, welches zugleich das biegungsfeste Gerüst des Stammes ist; aber es bleibt ausserdem nicht in Skelet übergegangenes dünnwandiges Grundparenchym übrig, und zwischen der Schutzscheide und den Skelet-Bändern findet sich ebenfalls reichlich Stärke führendes Grundparenchym. Da wir jedoch von dem letzteren nicht wissen, in wie weit es zu den Mestomelementen innerhalb der Schutzscheide in physiologischer Wechselbeziehung steht, so bleibt bis auf Weiteres unentschieden, ob es sich empfiehlt das in Rede stehende Gewebe der Baumfarn zum Bündel zu rechnen oder nicht. Dass auch die Schutzscheide in den meisten Fällen — vor allem da, wo es Einzelscheiden sind — zweckmässig zum Bündel gerechnet wird, ist, wenn man ihr Auftreten berücksichtigt, welches auf eine innige Beziehung zum Bündel weist, selbstverständlich.

Die Stärke führenden Parenchymstränge innerhalb der hohlcylindrischen Leitbündel von *Marsilia* rechnet man am besten nicht mit zum Bündel, weil die vorhandene innere Schutzscheide auf eine physiologische Abgrenzung des Mestoms hindeutet. Will man aber im Stamme der *Schizaeaceen* das centrale Stärkeparenchym als Bestandtheil des Bündels auffassen, so ist nichts dagegen einzuwenden, da wir nicht wissen, in welchem physiologischen Verhältniss der axile Markparenchymcylinder zu den übrigen Bündel-Elementen steht. Dieser starke axile, von Tracheïden umgebene Markparenchymcylinder im Stamme der *Schizaea-*

1) l. c. p. 10.
2) l. c. p. 6.
3) Das mechanische Princip im anatomischen Bau der Monocotylen mit vergleichenden Ausblicken auf die übrigen Pflanzenklassen. Leipzig, 1874, p. 5 und p. 18.

ceen wird von Russow¹), dem De Bary²) folgt, mit zum Bündel gerechnet, weil derselbe nicht durch eine Schutzscheide von dem mehr-
reihigen lückenlosen umgebenden Tracheïdenring geschieden wird.
Unserer Meinung nach kann also erst dann über den centralen Markcylinder ver-
fügt werden, wenn wir wissen, ob er zu den Tracheïden in physiologischer Beziehung steht, ob er etwa z. B., wie anzunehmen ist, die gleiche
Funktion hat, wie die Stärke führenden Parenchymzellen zwischen der
Tracheïden bei vielen Farnkräutern, oder ob sein Vorhandensein für
die Funktion der übrigen Bündelelemente im Wesentlichen ohne Einfluss
bleibt. Auch wir möchten den Markstrang als Bündel-Bestandtheil
auffassen, aber, wie wir sehen, aus einem physiologischen Grunde.
Der Begriff Leitbündel ist also ein weiter, je nach Umständen
mehr oder weniger Gewebe-Systeme zusammenfassender. Eine scharfe
Umgrenzung ist auch desshalb kein Bedürfniss, weil vermittelst der
übrigen im Nachfolgenden bei der Aufzählung der Gewebe-Systeme
gebrauchten Terminologie in praktischer Weise eine Verständigung er-
zielt werden kann, da dieselbe eine bestimmte und scharfe Begrenzung
der Gewebetheile, wie sie gerade gebraucht wird, gestattet. Im Uebrigen
müsste, wenn der Begriff Leitbündel bestimmter gefasst würde, ein
anderer ebenso allgemeiner Terminus an seine Stelle gesetzt werden.

III. Die physiologischen Gewebe-Systeme der Leitbündel.

A. Allgemeines.

Unsere jetzigen anatomisch-physiologischen Kenntnisse gestatten es
uns die Gewebe der Bündel in eine gewisse Anzahl von Systemen
aufzulösen, von welchen jedes eine besondere Funktion versieht. Diese
Zusammenfassung bestimmter übereinstimmend gebauter Zellcomplexe
zu einheitlichen physiologischen Systemen hat den Vortheil, dass sich
dieselben bei den verschiedenen Pflanzenabtheilungen miteinander vergleichen lassen, was, wie gezeigt wurde, mit dem Phloëm und Xylem
weder morphologisch noch physiologisch möglich ist. Wir dürfen uns
allerdings nicht verhehlen, dass wir über die Funktion der Systeme
häufig nichts weiter als nur eine schwache Vorstellung haben; aber
unzweifelhaft kommt man auf diesem Wege weiter als durch den Ver-
gleich sicher heterogener Dinge. Wir kennen, wie wir sagen dürfen, mit
aller Bestimmtheit durch Schwendener's Arbeit die Funktion der in
den Bündeln der Phanerogamen vorhandenen echten Bastzellen und
der Libriformzellen, sowie der sog. Sklerenchymscheiden der Farn-

1) Vergleichende Untersuchungen etc. St. Petersburg, 1872 (Mémoires de l'acad.
impér. des sciences de St. Petersb., VII. série. Tome XIX, No. 1), p. 97—98.
2) l. c. p. 357.

kräuter. Auch über die Bedeutung der Gefässe und Tracheïden haben wir jetzt, wie wir später anführen werden, eine bestimmtere Vorstellung. Und wenn wir auch bislang eine weniger genaue Einsicht in die Lebensverrichtungen des Siebtheils und der stärkeführenden parenchymatischen Zellen (Holzparenchym, Geleitzellen Russow's bei den Farnkräutern) besitzen, so lässt sich doch nicht gut bezweifeln, dass die genannten Gewebearten ihnen besonders obliegende Funktionen haben. Es lassen sich durchaus annehmbare und auch wirklich acceptirte Vorstellungen über die ihnen zugewiesene Thätigkeit machen.

Von Systemen höherer Ordnung lässt sich dann sprechen, wenn zwei oder mehrere Systeme ersten Grades, wie die eben erwähnten, unmittelbar von einander abhängig sind oder in einer gewissen näheren Beziehung zu einander stehen. Dies ist z. B. nach neueren Untersuchungen der Fall mit dem trachealen, oder wie man jetzt besser sagen muss, hydralen System, welches regelmässig in unmittelbarer Verbindung mit Holzparenchym (Phanerogamen) resp. Geleitzellen (Farnkräuter) auftritt. Haberlandt[1]) sah sich aus diesem Grunde auch veranlasst, dieses Gewebe-System höherer Ordnung mit dem besonderen Namen Hadrom zu belegen. Die Sache liegt also derart, dass wir nach unseren jetzigen Kenntnissen anatomisch-physiologische Gewebesysteme aufstellen können, obgleich wir nicht mit derselben Gewissheit und Klarheit die physiologische Bedeutung aller Systeme durchschauen.

In dem Folgenden soll nun der Versuch gemacht werden, die Systeme, welche sich aus die Bündel der Gefässkryptogamen zusammensetzenden Gewebeelementen zusammenstellen lassen, kurz zu characterisiren.

B. Specielles.

Die Leitbündel werden aus folgenden anatomisch unterschiedenen Gewebe-Systemen zusammengesetzt:

1. Das Stereom, 2. das Hydrom (Tracheom), 3. das Amylom, 4. das aus dem Hydrom und einem Theil des Amyloms gebildete System höherer Ordnung das Hadrom, 5. das Leptom, 6. die Endodermis, 7. das Cambium, 8(?) das Lückenparenchym.

1.

Das seiner Funktion nach bekannteste ist unzweifelhaft das von Schwendener[2]) Stereom genannte und als specifisch mechanisches System erkannte Gewebe. Es gehören zu demselben der echte Bast im Phloëm und die Holzzellen, Libriformzellen Sanio's des Xylems der Phanerogamen.

---

1) l. c. p. 5–6.
2) Mech. Pr. p. 154–155.

Von den Farnkräutern gehören die sog. Sklerenchym-Scheiden und -Belege hierher. Dass das Gewebe dieser Scheiden und Belege aus typischen mechanischen Zellen, Stereïden, besteht, hat bereits Schwendener[1]) hervorgehoben; zuweilen leiten oder speichern sie gleichzeitig, da es ihrer Hauptfunktion nicht widerspricht, wie dies auch bei den Phanerogamen vorkommt, Stärke in sich auf (*Alsophila*). Stereïdenscheiden und Stränge zum Schutz des Mestoms kommen häufig in Wurzeln, Rhizomen und Blattstielen vor. Entweder wird das ganze Bündel röhrenförmig von einem ein- bis mehrschichtigen Stereom-Cylinder umgeben, oder die Bündel werden nur von Strängen aus Skeletzellen begleitet, die namentlich gern die einspringenden Winkel der Bündel aufsuchen. Ist die Aussenröhre einschichtig, so sind häufig nur die auf der dem Bündel zugewandten Seite befindlichen Membranen verdickt.

In Wurzeln findet sich ein Stereom - Cylinder nach Ph. van Tieghem[2]) und nach eigenen Untersuchungen bei *Aspidium Lonchitis, Blechnum occidentale, Davallia canariensis, Nephrodium dilatatum, N. Filix mas, Nephrolepis platyotis, Polypodium vulgare, Pteris aquilina, Scolopendrium vulgare.*

In Rhizomen oder Blattstielen oder in beiden gleichzeitig erwähnen Russow[3]), Schwendener[4]), De Bary[5]) und E. de Janczewski[6]) Skelet-Bekleidungen bei *Asplenium, Blechnum brasiliense, Cyathea medullaris, Davallia dissecta, D. elegans, Dicksonia antarctica, D. Culcito, D. rubiginosa, Didymochlaena lunulata, Hymenophylleen, Osmunda regalis, Platycerium alcicorne, Polybotrya Meyeriana, Polypodium Lingua, P. Phyllitidis, P. pustulatum, Scolopendrium, Stenochlaena scandens, S. sorbifolia.*

Ausser diesen ausserhalb der Mestomtheile auftretenden Skelet-Geweben kommen jedoch auch bei den Gefässkryptogamen gerade wie bei den in die Dicke wachsenden Phanerogamen innerhalb des Bündels zwischen den Mestomelementen echte Stereïden vor, die von De Bary[7]) als „gelbe Fasersklerenchymzellen" bezeichnet werden.

Schon G. Mettenius[8]) hatte auf „mehr oder minder scharf umgrenzte Bündel prosenchymatischer Zellen" in den Blattstiel-Bündeln von *Trichomanes pinnatum* und *T. elegans* aufmerksam gemacht, „die

---

1) Mech. Pr. p. 4.
2) Recherches sur la symétrie de structure des plantes vasculaires. (Annales des sciences nat. Botanique. V. série. Tome XIII, Paris, 1870—1871.) p. 66—67.
3) Vergl. Unt. p. 81, 99.
4) Mech. Pr. p. 162.
5) Vergl. Anat. p. 444.
6) Etudes comparées sur les tubes cribreux. (Mémoire de la Société nationale des Sciences naturelles et mathématiques de Cherbourg, T. XXIII.) 1881, p. 216.
7) Vergl. Anat. p. 358.
8) Ueber die Hymenophyllaceae (Abhandlungen der math.-physischen Classe der königl. sächs. Gesellsch. der Wiss. VII.) Leipzig, 1865, p. 420—21.

Das Vorkommen von Stereïden innerhalb der Leitbündel ist keineswegs auf die beiden genannten Familien beschränkt, sondern sie finden sich auch bei den *Polypodiaceen* und *Lycopodiaceen*. Bei den letzteren wird nach Russow das Centrum gewisser Bündel von *Psilotum* und *Tmesipteris* von einem Stereomstrang eingenommen. Bei den *Polypodiaceen* und zwar bei *Adiantum trapeziforme* wurde ich auf die Stereïden durch eine Bemerkung A. Trécul's[1]) aufmerksam gemacht, welcher Autor angiebt, dass bei dem genannten Farn an Stelle der kleineren Elemente des Siebtheils Zellen vorkämen, die sich von Stereïden („fibres du liber") nicht unterscheiden. Wenn ich nun auch diese Angabe nicht bestätigen kann, da die bezeichnete Farn-Art einen wohl ausgebildeten Siebtheil besitzt, so fand ich doch, durch Stärke führende Parenchymzellen getrennt oder den Tracheïden unmittelbar anliegend, namentlich in den einspringenden Winkeln der Pole der Tracheïdenplatte, einzeln oder in Gruppen, echte, sehr' langgestreckte Stereïden mit kleinen, schiefen, elliptisch spaltenförmigen oder runden Tüpfeln. Die Anzahl der Tüpfel ist an den verschiedenen Zellen variabel. Wo ich es mit Bestimmtheit ausmachen konnte, fand ich die Tüpfel, wie dies die Stereïden bisher in der Regel zeigten[2]), linksschief angeordnet. — Vergl. die Fig. 1 und ihre Erklärung. — Mit der J. Wiesner'schen Reaktion auf Holzstoff, Salzsäure und Phloroglucin behandelt, färbten sich die Stereïden ebenso wie die Tracheïden schön rosenroth.

Die Analogie zwingt uns anzunehmen, dass die Hauptfunktion der beschriebenen „den echten Bastzellen ähnlichen Fasern", welche die Tracheïden in den erwähnten Fällen begleiten, in einer mechanischen Leistung besteht. Nur sind wir allerdings bislang nicht im Stande, die Art der mechanischen Inanspruchnahme dieser Zellen anzugeben. Wir müssen wegen seines Baues nichtsdestoweniger bis auf Weiteres dieses Gewebe als Stereom auffassen. Russow[3]) steht aus demselben Grunde nicht an, die Fasern mit dem Ausdruck „Libriform" zu bezeichnen; eine Gewebeart, die aus echten Skeletzellen besteht.

2.

Als zweites System führen wir das Tracheom an, ein Name, der von M. Westermaier[4]) für das aus den Tracheen zusammengesetzte Gewebe vorgeschlagen wurde; allein das in Rede stehende Gewebe ist in physiologischer Hinsicht nicht das „tracheale System" der Pflanzen, denn neuere, im botanischen Institut Schwendener's durch

---

1) Sur la position des trachées dans les fougères. (Ann. d. Sc. nat. 5. Sér. T. X, 1869, 344 ff., T. XII, 1869, 219 ff.). p. 345.
2) Schwendener, Mechan. Princip. p. 8.
3) Vergl. Unt. p. 164.
4) J. Troschel, Untersuchungen über das Mestom im Holze der dicotylen Laubbäume. (Verhandl. des bot. Ver. der Provinz Brandenburg.) Berlin, 1880, p. 93.

G. Volkens[1]) ausgeführte Untersuchungen haben ergeben, dass die Fr. v. Höhnel'sche[2]) Auffassung über die Funktion der Gefässe der Wahrheit am nächsten kommt. Nach diesem Autor stellen die Gefässe das specifisch Wasser leitende oder als Wasserreservoir dienende Gewebe dar, und ich möchte daher, weil diese Auffassung als die begründetste erscheint, die Bezeichnung Tracheom mit **Hydrom** vertauschen[3]) und die Elemente dieses Gewebes dementsprechend als **Hydroiden** bezeichnen.

Die Hydroiden der *Gymnospermen* stellen gleichzeitig das mechanische Gewebe derselben dar, so dass bei diesen Gewächsen von einem und demselben Gewebe zwei Funktionen versehen werden. Dieses Verhältniss drücken wir am einfachsten aus durch die Bezeichnung der Elemente als **Hydro-Stereïden**.

Gewöhnlich sind sämmtliche Hydroiden eines Bündels bei den Farn untereinander verbunden. Zuweilen wie nach De Bary[4]) in den Blattstielen von *Aspidium molle* und *Polypodium phymatodes* erscheint der Gefässtheil auf dem Querschnitt in zwei symmetrische Gruppen gespalten. Auch bei *Equisetum* u. A. verlaufen die Hydroiden in einigen Gruppen getrennt.

Wenn mehrere Hydroiden nebeneinander liegen, werden sie in der Regel von parenchymatischen Zellen, die als „Amylom-Elemente" besonders betrachtet werden müssen, unterbrochen.

Die Stereïden und Hydroiden sind nahe mit einander verwandt. Die Hydroiden sind verholzt und recht fest, so dass sie entschieden auch zur Festigkeit des Bündels beizutragen bestimmt sind. Nach Entfernung stereïdenloser Bündel aus dem umgebenden Gewebe, was sich namentlich ohne Schwierigkeit an Blattstielen ausführen lässt, kann man durch direkte Zugversuche die nicht unbedeutende Festigkeit prüfen. Die Bündel scheinen überhaupt mechanisch schutzbedürftig zu sein, worauf ja schon die mechanischen peripherischen Belege hinweisen. Dort wo zur Herstellung einer grösseren Festigkeit innerhalb des Mestoms eine theilweise Theilung der Arbeit durch Entwickelung von echten Stereïden neben den Hydroiden wie bei *Adiantum trapeziforme* stattgefunden hat, macht es den Eindruck, als ob die Stereïden

1) Ueber Wasserausscheidung in liquider Form an den Blättern höherer Pflanzen. In dem vorliegenden II. Bande dieses Jahrbuchs.
2) Ueber den negativen Druck der Gefässluft. Inaugural-Dissert. — Beiträge zur Kenntniss der Luft- und Saftbewegung in der Pflanze. In Pringsheim's Jahrb. 1879.
8) Es ist im Grunde gleichgiltig, wie man eine Sache nennt, vorausgesetzt, dass man sich versteht. Aber wer wollte leugnen, dass eine gute, zweckmässige Terminologie ein äusserst werthvoller Apparat für die Forschung ist. Aus diesem Grunde schlage ich den obigen, in die Schwendener'sche Nomenclatur hineinpassenden Namen vor.
4) Vergl. Anat. p. 355.

2*

phylogenetisch aus Hydroiden entstanden seien. In den Stielen der
fruchtbaren Wedel von *Blechnum Spicant* fand ich Hydroiden mit sehr
weit auseinandergerückten grossen, sehr linksschief gestellten, spaltenförmigen Tüpfeln, die man beim ersten Blick für ausnahmsweise weit-
lumige Stereïden halten möchte. Von den vollkommenen Gefässen
durch die Hydro-Stereïden der Coniferen bis zu den tüpfellosen,
äusserst englumigen oder lumenlosen Stereïden kommen bekanntlich
alle Uebergänge vor und zwar nicht nur in morphologischer, sondern
ebensowohl in physiologischer Hinsicht. Denn die Hydrostereïden der
Coniferen haben, wie wir dies durch den Namen schon ausdrückten,
nicht allein die Aufgabe das Wasser zu leiten, sondern sie sind ausserdem die mechanischen Elemente. Diese Erscheinungen legen die Vermuthung nahe, dass in manchen Fällen entweder die typischen Stereïden
phylogenetisch durch allmähliche Umbildung aus Hydroiden entstanden
sind oder aber umgekehrt. Es ist aber auch möglich, dass ursprünglich nur eine Gewebeart vorhanden war, welche, wie das Hydro-Stereom
der Coniferen, die beiden in Rede stehenden Funktionen versah und
dass erst dann durch Theilung der Arbeit die beiden anatomisch-
physiologisch ganz differenten Gewebe-Systeme, das Stereom und Hydrom,
entstanden sind.

3.

Amylom nennt J. Troschel[1]) das System, welches durch die
Elemente des Holzparenchyms und der Markstrahlen des Xylems und
Phloëms der Phanerogamen gebildet wird. Diese Gewebe bilden, wie
genannter Autor ausführlich nachwies und Schwendener[2]) bereits
auf Grund des anatomischen Befundes ausgesprochen hatte, ein untereinander zusammenhängendes System. Vereinzelte, nicht mit anderen
Holzparenchymzellen in Verbindung stehende gleichnamige Elemente
kommen niemals vor. Die Aufgabe des Amyloms besteht darin, die
Kohlenhydrate, also Stärke, Inulin, Oel, Zucker, Gerbstoff, zu leiten
und zur Zeit der Vegetationsruhe aufzuspeichern. Dort wo kein Holzparenchym vorkommt, wie bei *Berberis*, haben Stereïden (Libriform)
die Nebenfunktion, welche als Hauptfunktion das Amylom auszeichnet.
Bei *Berberis* dient also das Libriform auch zur Aufspeicherung von
Stärke.

Die in anatomischer Hinsicht und wegen der Inhalts-Beschaffen-
heit mit den Amylom-Elementen der Phanerogamen zunächst zu vergleichenden Zellen der Gefässkryptogamen-Bündel sind die parenchymatischen, namentlich zur Zeit der Vegetationsruhe vorwiegend Stärke und

---

1) J. Troschel, Untersuchungen über das Mestom im Holze der dicotylen Laubbäume. (Verhandl. des bot. Ver. der Provinz Brandenburg.) Berlin, 1880, p. 81.
2) Mechan. Princip, p. 153, Anm. 1.

in oberirdischen Organen auch Chorophyllkörner führenden Zellen. Schon L. Dippel[1]) betrachtet die in Rede stehenden Zellen „als dem Holzparenchym der Phanerogamen entsprechend." Auch J. Sachs[2]) identifizirt das Stärkeparenchym mit dem Holzparenchym der Phanerogamen. Nach Russow's[3]) Nomenclatur gehören hierher seine Phloëm- und Xylemscheide und die Geleit- oder Leitzellen[4]). Sie bilden die Grundmasse des Bündels, „in welche die faserigen und gefässartigen Elemente eingesenkt sind."

Prantl[5]) nennt das „regelmässig Stärke, bei *Lygodium* auch Chlorophyll" enthaltende Amylom der *Schizaeaceen* einfach „Strangparenchym." Ein ebenfalls schon von Russow[6]) vorgeschlagener Terminus.

Wie bei den Phanerogamen gewöhnlich sind auch zuweilen die Membranen der Amylomelemente der Farnkräuter mit einfachen runden Tüpfeln besetzt. Bei *Marsilia* finden sich nach Russow[7]) nur „spärlich getüpfelte" Wände und bei den *Schizaeaceen* fand Prantl[8]) einfache runde Tüpfel und zwar besonders zahlreich im axilen Gewebe des Stammes von *Schizaea Pennula* auf den Querwänden; sonst kommen hier auch homogene Wandungen vor. Aus der reichlicheren Tüpfelung der Querwände muss auf eine Leitung der Nährstoffe in der Längsrichtung geschlossen werden.

Um jedoch die bezeichneten Elemente in physiologischer Hinsicht als Amylom auffassen zu dürfen, ist der Nachweis zu liefern, dass dieselben ebenso wie die correspondirenden Zellen bei den Phanerogamen untereinander in Verbindung stehen, also ein zusammenhängendes System bilden.

Nach den Darstellungen der Anatomen könnte es scheinen — obgleich sie es vielleicht nicht so meinen, da es sich in den gegebenen Fällen immer nur um Querschnittsansichten handelt — als ob die in anatomischer Beziehung mit den Amylomzellen der Phanerogamen übereinstimmenden Elemente einzeln und zusammenhangslos zwischen den Hydroiden bei den Farnkräutern vorkämen. Sachs[9]) z. B. sagt nur: „Zwischen den Gefässen liegen enge, dünnwandige, im Winter stärke-

1) Ueber die Zusammensetzung des Gefässbündels der Kryptogamen. (In dem amtl. Bericht über die 39. Vers. deutscher Naturforscher u. Aerzte in Giessen im April 1864. Herausg. von Wernher und Leuckart). Giessen, 1865, p. 143. — Das Mikroskop und seine Anwendung, II. Braunschweig, 1869. p. 198.
2) Lehrbuch der Botanik. 4. Aufl. Leipzig, 1874. p. 120.
3) Vergl. Unters. p. 2—10 u. a.
4) Betracht. p. 17.
5) Schizaeaceae, p. 29.
6) Vergl. Unters. p. 9.
7) Vergl. Unters. p. 6.
8) Schizaeaceen p. 29.
9) l. c. p. 432.

führende Zellen" und De Bary[1]) spricht von „Gruppen oder Reihen von kleine Stärkekörner führenden Parenchymzellen" die zwischen die Tracheïden gelagert sein können. Die Frage, ob die stärkeführenden Elemente untereinander in Verbindung stehen, ist nicht aufgeworfen worden. Es ist schon von vorn herein zu vermuthen, dass der bezeichnete Zusammenhang besteht, weil sonst eine Leitung der in ihnen vorhandenen Nährstoffe durch die Hydroiden hindurch nicht gut denkbar wäre, und es liegt um so näher, einen Zusammenhang der stärkeführenden Elemente untereinander anzunehmen, weil ein solcher zwischen den analogen, offenbar einzig in physiologischer Hinsicht mit ihnen vergleichbaren Elementen der Phanerogamen nach der ausführlichen erwähnten Untersuchung Troschel's immer vorhanden ist. Um jedoch die aufgeworfene Frage sicher zu entscheiden, habe ich drei ganz beliebig herausgegriffene Arten untersucht.

Ich fixirte auf dem Querschnitt eine einzelne allseitig von Hydroiden umgebene Stärkeparenchymzelle oder eine kleine Gruppe derselben und suchte nun durch successive Querschnitte zu entscheiden, ob diese Zellen nach unten und oben mit gleichnamigen oder ungleichnamigen Elementen verbunden seien, und ob die Zellen mit den anatomisch gleichartigen ausserhalb der Hydroiden (im „Phloëm") befindlichen Elementen communicirten oder nicht. In allen Fällen konnte mit Leichtigkeit entschieden werden, dass bei den Filicineen die im Bau und Inhalt den Amylomzellen der Phanerogamen entsprechenden Elemente ebenfalls ein zusammenhängendes System bilden, und wir glauben daher berechtigt zu sein, dasselbe auch hier als Amylom zu bezeichnen.

Die concreten untersuchten Fälle sind die folgenden:

a. Pteris aquilina (Figur 2).

Im Rhizom von *Pteris aquilina* gehen nicht selten Amylomzellen von dem einen Rande der Hydroidenplatte bis zum anderen, und häufig wird eine einzelne Hydroide auf dem Querschnitt allseitig von Amylom umgeben, so dass die Hydroide nicht mit den anderen in Verbindung zu stehen scheint. In Figur 2 stellen A, B und C drei successive Querschnitte durch einen sehr kleinen Theil eines Rhizom-Bündels dar. Die gleichen Zellindividuen auf den verschiedenen Schnitten oder doch Zellen, die nur durch Querwände von einander getrennt waren, erhielten die gleiche Bezifferung (Hydroiden) resp. die gleichen Buchstaben (Amylomzellen). — Vergl. die Figuren-Erklärung. — Der Schnitt A zeigt isolirte, von Hydroiden umgebene Amylom-Elemente a b, die in Schnitt B auf der einen und in C auch auf der anderen Seite mit Amylomelementen in Verbindung stehen. Der Amylomstreifen

1) l. c. p. 857.

c d e zwischen den Hydroiden 7 und 8 verbindet bei B die erst (A) isolirt erscheinenden Zellen a b mit dem „Phloëm" f g. — Es ist, wie schon gesagt wurde, für unsere Betrachtung natürlich gleichgültig, ob die Zellen a b auf den drei Schnitten A, B und C dieselben Individuen darstellen, oder ob es, wie dies wahrscheinlich ist, verschiedene durch Querwände getrennte Zellen sind. Dasselbe gilt für die gleich bezifferten Hydroiden.

b. Alsophila microphylla (Figur 3).

Die hydrale Platte des Stamm-Bündels des genannten Farnbaumes wird auf Querschnitten nicht selten von den reichlich Plasma (und Stärke?) führenden Amylomzellen von dem einen Rande bis zum anderen durchkreuzt. Ganz von Hydroiden umgebene Amylom-Gruppen wie auf Schnitt A sind bei dieser Art gar nicht einmal häufig, sondern schon ein einziger Querschnitt macht den Eindruck. dass eine Verbindung zwischen allen Amylomzellen besteht. Die in Schnitt A allseitig von Hydroiden umgebene aus vier Zellen bestehende Amylom-Gruppe steht selbst oder eine nur durch Querwände getrennte andere Gruppe, wie der successive Querschnitt B zeigt, mit der Xylemscheide, die an die Hydroiden 1, 8, 7, 6 grenzt. durch gleichnamige Elemente in Verbindung. Auch in diesem Falle wurden die correspondirenden oder durch Querwände getrennten Hydroiden zur leichteren Orientirung mit denselben Zahlen versehen. — Vergl. die Figuren-Erklärung.

c. Marattia laxa (Figur 4).

Ich habe zum Nachweis des Zusammenhanges der Amylom-Elemente untereinander ausser den beiden angeführten beliebig gewählten Beispielen besonders desshalb eine *Marattiacee* untersucht, weil Russow[1]) erwähnt, dass die „Geleitzellen" bei der besagten Familie, wenn sie überhaupt vorkommen, nur sehr spärlich vertreten sind, und es würde aus diesem Grunde hier noch am ehesten eine einzelne oder eine Gruppe isolirter Geleitzellen gefunden werden können, wenn dies überhaupt vorkäme.

Die Amylom-Zellen finden sich auf dem Querschnitt gewöhnlich in Gruppen von 2—12, allseitig von Hydroiden umgebenen Zellen, so dass es allerdings scheinen könnte, als ob sie in isolirten Nestern auftreten. Successive Querschnitte, von welchen drei in Figur 4 abgebildet sind, ergaben jedoch mit Leichtigkeit das vermuthete Resultat. Die auf dem Schnitt A befindlichen, durch eine starke dunkle Contour gekennzeichneten, allseitig von Hydroiden umgebenen beiden Amylomgruppen, von welchen die eine zwei-, die andere dreizellig ist, stehen

---

1) Vergl. Unters. p. 105.

auf dem Querschnitt B durch unter diesen Gruppen befindliche gleichnamige Elemente untereinander und durch eine enge Amylom-Membran
auch mit dem Phloëm in Communication. Bei C ist die Verbindung
mit dem Phloëm noch augenfälliger. (Vergl. die Figuren-Erklärung).

Bei manchen Arten und für die Leitbündel in bestimmten Organ-
theilen, wie in der Basalpartie des Petiolus von *Nephrodium Thelipteris*
z. B. erscheint ein besonderer Nachweis des Zusammenhanges der
Amylom-Elemente desshalb unnöthig, weil dieselben hier zwischen den
Hydroiden so reichlich vertreten sind, dass eher die Hydroiden in das
Amylom eingesenkt erscheinen als umgekehrt.

Während die Hydromtheile des Bündels und, wie wir sehen werden,
die specifischen Elemente des Siebtheils auf grossen Strecken von einander getrennt bleiben können, ohne mit einander zu communiciren,
scheint eine solche Sonderung unter den Theilen des Amyloms kaum
vorzukommen. Vielmehr scheint die Funktion des Amyloms eine Verbindung aller seiner Elemente untereinander zu fordern.

Im Bündel des Rhizoms von *Marsilia macra* u. a. habe ich hin
und wieder nicht nur die innere und äussere Xylemscheide durch Brücken
aus Amylomzellen schon auf einzelnen Querschnitten durch den Hydroiden-
Cylinder hindurch communiciren sehen, sondern auch die Siebelemente
werden von Amylomzügen durchbrochen, so dass das Amylom innerhalb und ausserhalb des Hydrom-Cylinders ein einziges System bildet.
Die Amylom-Elemente des „Phloëms" hängen untereinander wohl immer
zusammen, und dies ist in den meisten Fällen so evident, dass ein besonderer ausführlicherer Nachweis, wie er für die zwischen den Hydroiden
lagernden Elemente erwünscht war, nicht nöthig erscheint. Bei den
untersuchten *Polypodiaceen*, z. B. *Polypodium glaucophyllum*, Figur 13.
fand sich regelmässig in Rhizomen an den Polen des Hydromstranges
eine Verbindung der Xylem- und Phloëm-Scheide, so dass eine zwei-
seitig symmetrische Lagerung zu Stande kommt.

Da die Amylom-Elemente die Aufgabe haben ihre Inhalts-
producte zu leiten, so ist es zweckmässig, wenn sie in der Leitungsrichtung längsgestreckt sind. In der That verhalten sich in dieser
Hinsicht die Gefässkryptogamen wie die Phanerogamen. Die Leitung
wird im Grossen und Ganzen, vorzugsweise in der Längsrichtung des
Leitbündels stattfinden, und in dieser Richtung sind auch die Zellen
gestreckt; dort aber, wo die Amylomzellen eine radiale Verbindung
zwischen gleichnamigen Elementen herstellen, sind sie auch, wie es
nach dem Gesagten verlangt werden muss, radial gestreckt. Besonders
auffallend ist dies bei *Botrychium rutaefolium*, bei welcher Art nach
Russow [1]) der Hydroiden-Cylinder durch Markstrahlen unterbrochen

---

1) Vergl. Unters. p. 119, Tafel VII, Fig. 157.

erscheint, deren in tangentialer Richtung sehr schmale Zellen stark
radial gestreckt sind.

Bezüglich der Tüpfel-Stellung der Amylomzellen verhält es sich
auch hier wie bei den Phanerogamen, woselbst Tüpfel vornehmlich diejenigen Membranen bekleiden, welche zur Leitungsrichtung senkrecht
stehen [1]). Wenigstens wurde dies, wie wir sahen, so constatirt, wo
überhaupt Tüpfel reichlicher vorkommen wie im Mark-Cylinder der
Schizaeaceen.

4.

Das Hydrom und ein Theil des Amyloms jedes Leitbündels bilden
zusammengenommen ein System höherer Ordnung, für welches Haberlandt [2]), wie wir bereits früher erwähnten, den Namen **Hadrom** ein-
geführt hat.

Es sind zunächst die anatomischen Thatsachen, die für eine solche
physiologische Zusammengehörigkeit der beiden Systeme des Hydroms
und des Amyloms sprechen: fast überall suchen die Amylom-Elemente
die Hydroiden auf; aber zu einer ganz klaren Einsicht, in welcher
physiologischen Wechselbeziehung beide Systeme zu einander stehen,
sind wir bislang doch noch nicht gekommen. Auf Grund der bereits
erwähnten Untersuchungen von Volkens und nach einer neueren
Darstellung, die P. Schulz [3]) über die Beziehung der Markstrahlen
zu den Gefässen geliefert hat, muss man annehmen, dass die Amylomzellen vermöge der osmotischen Kräfte, die in ihrem Inhalt wirksam
sind, das Wasser aus den Gefässen schöpfen, wenn die Gewebe des
Wassers bedürfen, wie dies namentlich am Tage bei reichlicherer Verdunstung der Fall ist. Die Amylom-Elemente füllen jedoch die Gefässe auch wieder; dies findet vorzugsweise nachts statt, wenn der
Verbrauch durch Verdunstung geringer ist oder gänzlich aufhört; die
Gefässe speichern alsdann das Wasser für den Tag in sich auf.

Es würde sich hieraus auch die Zweckmässigkeit erklären, dass
dort, wo zahlreiche Hydroiden neben einander liegen, regelmässig
Amylom-Elemente zwischen denselben eingelagert sich finden. Wenn
auch nicht zu leugnen ist, dass, wie De Bary [4]) angiebt, das Vorkommen oder Fehlen von Stärke führenden Parenchymzellen zwischen
den Hydroiden zum Theil „nach Species, vielleicht auch Genera" verschieden ist, so zeigt sich doch noch unzweifelhafter das eben erwähnte
Verhalten. Nach Russow [5]) ist z. B. in den Wurzeln der *Polypodia-*

---

1) Troschel, l. c. p. 81—82.
2) l. c. p. 5—6.
3) Das Markstrahlengewebe und seine Beziehung zu den leitenden Elementen des
Holzes. In dem vorliegenden Bande dieses Jahrbuches, N. IV.
4) l. c. p. 357.
5) Vergl. Unters. p. 103.

ceen, „wo der axile Strang einen bedeutenden Querdurchmesser erlangt, wie bei *Diplazium* und *Blechnum brasiliense,* der Xylemkörper von Geleitzellen durchsetzt." Auch De Bary[1]) selbst citirt als Beispiele für die Einlagerung ungleichnamiger Elemente zwischen die Hydroiden Fälle mit „relativ dickem cylindrischem Gefässtheil der Rhizome".

Bei *Marattia laxa* fand ich eine stärkere Hydroiden-Masse in den Bündeltheilen des Blattpolsters als in den Theilen der Bündel, welche durch den Blattstiel laufen. Während auf dem Querschnitt durch den Stiel nur 2—5 Hydroiden in den Bündeln nebeneinander liegen, ohne „Geleitzellen" zwischen sich, vermehren sich im Gelenkpolster die Hydroiden derart, dass hier 4—8 Zellen in der Querrichtung zu zählen sind, und hier nehmen sie denn auch Amylom-Elemente zwischen sich auf, die in den anderen Bündeltheilen regelmässig fehlen. Bei ein und derselben Art kann also in den verschiedenen Organtheilen, je nachdem mehr oder weniger Hydroiden in deren Bündeln nebeneinander auftreten, das hydrale System vom Amylom durchsetzt werden oder nicht. Bei einem als *Polypodium harpeodes (P. loriceum)* im Kgl. botanischen Garten bezeichneten Farn verlaufen im basalen Theil des Petiolus mehrere Bündel, die sich nach oben in ein grosses Bündel vereinigen. Während nun die unteren kleineren Bündel auch nur·ein kleines Hydrom ohne zwischengelagerte Stärkezellen aufweisen, besitzt das grosse Bündel oben zwischen den Hydroiden Amylom. Es ist also zwischen den beiden möglichen Fällen keineswegs eine Grenze zu ziehen. *Polypodium vulgare* besitzt gewöhnlich im Rhizom ein einfaches nur von Amylom umgebenes Hydrom; sobald aber die Bündel grösser sind, finden sich, wie·bei *Polypodium glaucophyllum,* Figur 13, zwischen den Hydroiden Amylom-Elemente. — Dergleichen Beispiele könnten bedeutend vermehrt werden.

Die Hydroiden-Masse wird immer von mindestens einer Amylom-Lage (Xylemscheide) unmittelbar umgeben, wie auch Figur 13 zeigt, so dass, wenn wir diese Schicht und die Hydroiden mit ihren etwaigen Amylom-Elementen zusammenfassen, gesagt werden kann, das sämmtlichen Gefässkryptogamen Hadrom zukommt.

Selten liegen den Hydroiden unmittelbar Siebröhren an, wie z. B. nach Russow[2]) in den Wurzeln der *Marsiliaceen,* aber in allen Fällen treten dann auch ausserdem Amylom-Elemente in überwiegender Anzahl neben den Hydroiden auf.

5.

Leptom nennt Haberlandt[3]) „den eiweissleitenden Theil des Mestoms, also dasjenige, was man bisher „Weichbast" nannte, — Sieb-

---

1) l. c. p. 357.
2) Vergl. Unt. Fig. 17 auf Tafel II.
3) Entw.-Gesch. d. mech. Gew. p. 5.

röhren und Cambiform —." Wie man sich die Leitung der Protein-Verbindungen jetzt vorzustellen hat, nachdem Janczewski[1]) zeigte, dass die Siebporen bei den Farnkräutern nicht, wie man vermuthete, perforirt sind, bleibt dahin gestellt. Das Leptom dient gewiss daneben noch als Reservoir der Eiweiss-Verbindungen.

Während, soweit ich die Sache beurtheilen kann, verallgemeinert werden durfte, dass die sämmtlichen Amylomzellen des Bündels immer mit einander communiciren, steht es mit dem Leptom, wo es in mehreren Gruppen auftritt, anders (Figur 13). Wenn die letzteren auch schliesslich an irgend welchen Stellen sicherlich ebenfalls zusammenhängen, so ist das Verhältniss doch ein ganz verschiedenes. Die Leptom-Stränge bilden nicht ein körperliches Gitterwerk wie das Amylom. Auf grossen Strecken ziehen sie nebeneinander hin, ohne dass sie durch gleichnamige Elemente verbunden würden. In seltenen Fällen kommt allerdings einmal eine Berührung sonst getrennter Leptom-Stränge zu Stande, wie in den bicollateralen Stammbündeln der *Polypodiaceen*; allein man gewinnt den Eindruck, dass diese gelegentlichen Verbindungen nicht durch die Funktion der Siebtheile gefordert werden, weil dieselben nicht Regel sind, wie bei den Amylom-Elementen.

Das Leptom besteht bei den Filicineen aus Siebröhren und stärkelosen, aber viel Eiweiss führenden, gestreckt parenchymatischen Zellen, die man nach der oben gegebenen Definition Haberlandt's als das Cambiform des Leptoms bezeichnen müsste. Allein, da das Wort Cambiform ursprünglich von Nägeli[2]) in anderem Sinne gebraucht wurde, den die späteren Autoren nicht beibehielten, und da Haberlandt[3]) selber schliesslich entgegen seiner Definition den Ausdruck Cambiform auch für die Stärke führenden Amylomzellen der Farnkräuter anwandte — vielleicht weil Schwendener[4]) die in Rede stehenden Zellen früher ebenso genannt hatte —, so empfiehlt es sich ausdrücklich zu bemerken, dass an dieser Stelle im Anschluss an Sachs[5]) und De Bary[6]) als Cambiform nur die Eiweiss enthaltenden, gestreckten, wie es scheint stets porenlosen, die Siebröhren begleitenden Leptomzellen bezeichnet werden sollen. In welcher Verbreitung bei den Farnkräutern ein solches Cambiform vorkommt, ist noch nicht festgestellt worden. Dies Gewebe scheint häufig die Siebröhren zu begleiten und sehr wahrscheinlich müssen hierhin die auf dem Querschnitt

---

1) l. c. p. 226 (18), 255 (47).
2) Beiträge zur wiss. Botanik I, Leipzig 1858, p. 4.
3) Ueber collaterale Gefässbündel im Laube der Farne. (Sitzungsber. d. K. Akad. d. Wiss. in Wien. Math.-naturw. Classe. LXXXIV. Bd., I. und II. Heft, Juni und Juli 1881). p. 129.
4) Mech. Pr. p. 162.
5) l. c. p. 121.
6) l. c. p. 336—339.

durch ihre Kleinheit von den Siebröhren wohl zu unterscheidenden Leptom-Elemente vieler Farnkräuter gerechnet werden. Es scheint sogar zuweilen das Cambiform die Siebröhren überhaupt zu vertreten. De Bary[1]) wenigstens sagt: „Bei den kleineren *Lycopodien*, den *Selaginellen*, bei sehr vielen Filices mit kleinen und aus engen Elementen zusammengesetzten Gefässbündeln (*Polypodium vulgare*) werden die Orte, wo sich die Siebröhren bei den bisher besprochenen Formen befinden, eingenommen von Elementen der gleichen Gestalt, Inhalts- und allgemeiner Wandbeschaffenheit, aber ohne deutliche Siebfelder oder Siebporen. Ob letztere wirklich fehlen, ... ist für diese Fälle, auch für die *Lycopodien*, noch genauer zu untersuchen."

Nach Janczewski[2]) besteht das Leptom von *Polypodium vulgare* aus Siebröhren, denen parenchymatische Zellen beigemengt sind, welche das Cambiform darzustellen scheinen.

Sachs[3]) giebt in den Leitbündeln der Blattflächen von *Botrychium Lunaria* eine Cambiformlage an, welche dem centralen Hydroiden-Strang unmittelbar anliegt; ich vermuthe, dass hier Amylom gemeint ist.

Bei der Betrachtung des Bündelbaues bei den einzelnen Familien wird noch Näheres über das Cambiform mitgetheilt werden.

Das von Russow[4]) Protophloëm genannte Gewebe, welches sich zuerst aus dem Procambium aussondert, glaube ich zum Leptom rechnen zu dürfen (Protoleptom).

Dippel[5]) meint bekanntlich, dass die Zellen dieses Gewebes wohl als echte Bastfasern anzusprechen seien, da „sie auf dem Längsschnitt die ganz entschiedene Faserform" zeigen. Die Zellen führen nach diesem Autor in den ersten Wachsthumsperioden einen flüssigen Inhalt, später nur Saft, zu keiner Zeit aber Stärke.

Trotzdem Russow[6]) sagt, dass er bemüht sein werde, „den Nachweis zu liefern, dass die Protophloëmzellen den Siebröhren nächst verwandte und von den echten Bastzellen in jeder Beziehung verschiedene Gebilde sind," so spricht er doch in einer späteren Arbeit[7]) nichtsdestoweniger die Vermuthung aus, dass im jungen Leitbündel das Protophloëm eine lokalmechanische Bedeutung zu haben scheine. In derselben Schrift[8]) sagt er nochmals, dass die Protophloëmzellen „stets dem Weichbast, Cambiform angehören und entweder die ersten Bast-

---

1) l. c. p. 190.
2) l. c. p. 218.
3) Lehrbuch p. 410.
4) Vergl. Unt. p. 4, 17, 18, 163
5) Zusamm. d. Gefässb. p. 144.
6) Vergl. Unt. p. 4, 17, 18, 163.
7) Betr. p. 25.
8) Betr. p. 24; vergl. auch p. 19.

röhren oder Bastgefässe, mit oder häufiger ohne Gittertüpfelung darstellen, von den sog. Bastfasern, mit denen sie bisher fast allgemein
verwechselt wurden, durchaus verschieden." M. Treub[1]) glaubt, dass man die Protophloëmzellen von *Selaginella
Martensii* fast zu den Siebröhren rechnen darf.
Während De Bary[2]) in dem Abschnitt seiner Vergl. Anatomie,
der über den collateralen Bau der Bündel handelt, angiebt, dass in den
genauer untersuchten zugänglichen Fällen die Protophloëm-Elemente
sich theils als Siebröhren, theils als Cambiformzellen herausgestellt
haben, lässt es dieser Anatom bei der Betrachtung der concentrischen
Bündel, die er den meisten Filicineen zuschreibt, dahingestellt[3]), ob sie
den Siebröhren zuzuzählen oder als eigenartige Organe anzusehen sind.

Prantl sagt nichts über die Zugehörigkeit des in Rede stehenden
Gewebes; er giebt nur als Bau der Protophloëm-Elemente der *Schizaeaceen* eine stark quellungsfähige Membran an mit regellos vertheilten
einfachen runden Tüpfeln.[4])

Janczewski[5]) endlich hat das Protophloëm von *Pteris aquilina*
untersucht. Er beschreibt die Zellen als sehr lang und spindelförmig
mit stark verdickten, durchaus glatten Membranen. Der Inhalt ist ohne
Stärke, aber mit einem elliptischen oder abgerundeten Kern versehen.
Nach diesem Autor hat das Protophloëm von *Pteris* nichts gemeinsam
mit den primären Siebröhren.

Um mir ein eigenes Urtheil über den Bau des Protophloëms zu
bilden, habe ich ein sehr günstiges Object aus dem Kgl. botanischen
Garten hierselbst, nämlich die verhältnissmässig sehr grossen Protophloëm-Elemente im Blattstiel von *Dicksonia antarctica* untersuchen
können. Wie die Figur 5 veranschaulicht, welche ein Stück einer
Protophloëmzelle in der Längsansicht zeigt, ist hier der Bau der vollständig
übereinstimmend mit demjenigen der Siebröhren. Die Wände zeigen
Siebplatten mit den daran haftenden charakteristischen Körnchen.
Auch in Figur 12 C liegen zwei Stücke zweier Siebröhren nebeneinander. In Figur 9 ist das Protophloëm auf dem Querschnitt dargestellt.

Durch den übereinstimmenden Eindruck, den das Protophloëm auf
Querschnitten bei allen übrigen Gefässkryptogamen macht, und wegen
der Lagerung dieses Gewebes und seines überall gleichen entwickelungs-
geschichtlichen Auftretens werden wir zu dem Analogie-Schluss genöthigt, dass auch in diesen Fällen das Protophloëm zum Leptom zu
rechnen ist. Allerdings müsste noch durch weitere Untersuchungen die

---

1) Recherches sur les organes de la végétation du Sel. Mart. Leide, 1877, p. 10.
2) Vergl. Anat. p. 338.
3) l. c. p. 358.
4) Schiz. p. 28.
5) l. c. p. 221—222 (13—14).

Berechtigung dieser Verallgemeinerung geprüft werden, schon aus dem
Grunde, weil die Genesis von Organen, welche dieselbe Funktion haben,
bekanntlich keineswegs dieselbe zu sein braucht. Nach dem Gesagten
würde es sich empfehlen das Protophloëm als Protoleptom zu bezeichnen. — Das Protoxylem könnte passend Protohydrom genannt
werden.

6.

Aus neuen Untersuchungen von Schwendener[1]) geht hervor,
dass die **Caspary'sche Schutzscheide**, oder **Endodermis** in erster Linie eine
mechanische Bedeutung hat, um vermöge ihrer, durch die Verkorkung
bedingten, sehr geringen Dehnbarkeit besonders die Einflüsse der
Differenzen des Turgors zwischen Grundparenchym und Bündelgewebe
unschädlich zu machen. Die Skeletbelege der Bündel sind eine mechanische Verstärkung der auch als „innere Häute" durch ihre relative
Undurchlässigkeit fungirenden Schutzscheiden.

Die Besprechung der Schutzscheiden wäre wegen ihrer Funktion
besser auf diejenige des Skelet-Gewebes gefolgt. Allein die Arbeit
Schwendener's erschien erst im letzten Augenblick, nach vollständiger
Fertigstellung des Manuskriptes.

Nur den *Marattiaceen* und den *Selaginellen* fehlt dieses Organ[2]),
aber auch diese Familien besitzen es in der Wurzel, der es überhaupt
niemals fehlt.

Zur Genesis der Endodermis.

Manche botanischen Autoren haben besonderes Gewicht darauf
gelegt, ob die Schutzscheide aus dem „Grundgewebe" oder aus dem
Procambium hervorgeht, weil dies das Criterium für dieselben dahin
abgiebt, ob die Endodermis zum Bündel zu rechnen ist oder nicht.
Da bei den Phanerogamen-Wurzeln die Schutzscheide unzweifelhaft
nachträglich aus dem Grundparenchym hervorgeht, wurde dies von
Russow verallgemeinert, und er nahm daher auch in seinen vergleichenden Untersuchungen an, dass bei den Farnkräutern die Scheide
ein Produkt des Grundgewebes sei. Er fand jedoch ausserdem[3]), dass
auch die peripherische Amylomlage der Leitbündel, seine Phloëmscheide,
bis zum Protoleptom exclusive aus gemeinsamen Mutterzellen mit der
Schutzscheide hervorgeht, und er sah sich nun durch seinen Stand-
punkt genöthigt, die Grenze des Bündels beim Protoleptom anzunehmen.
Bei dieser Definition fehlt ein Ausdruck für die Einheit hoher Ordnung,
welche wir im Eingang als Bündel bezeichnet haben und die unzweitel-

---

1) Die Schutzscheiden und ihre Verstärkungen. In den Abhandl. d. Kgl. Akad.
d. Wiss. zu Berlin. 1882.
2) De Bary, l. c. p. 359.
3) Vergl. Unt. p. 195—198.

haft physiologisch zusammengehört. Durch die Russow'sche Begriffsbestimmung durfte nur der eine Theil des Amyloms zum Leitbündel
gerechnet werden. Dass dies eine im höchsten Grade unpraktische
Bezeichnungsweise ist, wird im Allgemeinen schwerlich geleugnet werden
können.

De Bary[1]) meint im Gegentheil auf Grund der erwähnten ent-
wickelungsgeschichtlichen Beziehung zwischen Endodermis und Phloëm-
scheide, dass dieselbe für die Endodermis der meisten Bündel in Farn-
stämmen eher zu dem Resultat führe, dass die Endodermis aus dem
Procambium des Bündels hervorgeht, und Prantl[2]) möchte bei den
Hymenophyllaceen und *Schizaeaceen* die Endodermis ebenfalls dem
Bündel zuweisen, weil sie in zahlreichen Fällen unzweifelhaft mit der
Phloëmscheide des Stranges gleichen Ursprungs sei, und die Phloëmscheide in nichts von dem übrigen Amylom-Parenchym differire. Bei
Aneimia und *Mohria* besteht nach Prantl keine Veranlassung einen
genetischen Zusammenhang der Endodermis mit dem Grundgewebe an-
zunehmen.

Meine eigenen Untersuchungen über diesen Gegenstand haben zu
dem folgenden Ergebniss geführt.

Querschnitte durch ganz jugendliche Sprossgipfel und Blattstiele
machten immer den Eindruck, als ob das betreffende Organ aus drei,
oder, wenn man das Epidermis-Histogen mitrechnet, aus vier besonderen
Histogenen bestände und zwar ausser der Epidermis aus einem Grundparenchym und aus einem das Bündel-Procambium umgebenden Folge-
Meristem, dem Coleogen Haberlandt's[3]). Radiale Zellreihen, wie
sie Russow's Querschnittsfiguren 183 und 185 in seinen Vergleichenden Untersuchungen zeigen, in welchen die radialen Längswände des
Grundparenchyms mit radialen Wänden des Scheiden-Histogens regelmässig zusammentreffen, habe ich in der gleichen ausgesprochenen Weise
nicht gefunden.

Untersucht habe ich Blattstiele von *Aspidium violascens, Dicksonia
antarctica, Lygodium japonicum, Polypodium vulgare, Pteris aquilina*
und *Pt. tremula*, sowie Rhizomspitzen von *Hymenophyllum, Polypodium
pustulatum, P. vulgare* u. a. Wie die Figuren 6 bis 11 zeigen, gehen
die radial vor einander liegenden Zellen des Scheiden-Gewebes bis
zum Protoleptom aus je einer einzigen Mutterzelle durch Tangential-
theilungen hervor, so dass häufig die Radialwände von drei, zuweilen
auch vier und mehr (Figuren 6, 8, 9) in der gleichen radialen Richtung
liegenden Zellen zusammentreffen. In den Blattstielen findet durch
schnelles Wachsthum bald eine Verschiebung der Wände statt, so dass
die Entstehungsweise dann nicht mehr aus der Richtung der Wand-

---

1) l. c. p. 330.
2) Hymenop. p. 18. Schiz. p. 30.
3) Entw.-Gesch. d. mech. Gew.

linien erschlossen werden kann. In Rhizomen, die im allgemeinen verhältnissmässig weit langsamer wachsen, bleibt daher auch, namentlich
bei den *Polypodiaceen* (Figur 13), die radiale Anordnung häufig erhalten.

Bei *Hymenophyllum nitens* waren die genetischen Wandlinien noch
im vollständig entwickelten Rhizom so deutlich geblieben, dass schon
hieraus der gemeinsame Ursprung der Schutzscheide und der aus
mehreren Zellschichten bestehenden Amylomlage bis zum Protoleptom unzweifelhaft hervorging.

Auf Längsschnitten habe ich nur bei einer Art mit verhältnissmässig grossen Zellen, *Dicksonia antarctica* (Figur 12), ein befriedigen-
des Resultat zu erhalten vermocht. Das Grundparenchym Gr ist an
den vom Procambium entfernteren Stellen wegen des intensiven Längen-
wachsthums weniger hoch als breit, sonst ist es isodiametrisch und die
Zellen der dem Bündel unmittelbar angrenzenden Schicht sind sogar
länger als breit und häufig (Figur 12 C) auch kleiner als die übrigen
Grundparenchymzellen. Es ist also ein allmählicher Uebergang vom ausgesprochenen Grundparenchym zum Procambium vorhanden. — Im Uebrigen sind die Figuren und ihre Er-
klärungen zu vergleichen.

Die gleiche Entwickelung der genannten Scheidengewebe hat
Haberlandt[1]) in den Farnblättern gefunden. Nach diesem Autor entstehen die Schutz- und Phloëmscheide aus einem „grundparenchymati-
schen Coleogen". Bei den *Osmundaceen* und *Marattiaceen* entstehen
die beiden mehr oder weniger regelmässig ausgebildeten Parenchym-
scheiden der Laubbündel ebenfalls aus einem Coleogen[2]), und bei
Osmunda regalis ist die erwähnte Parenchymscheide in den Bündeln
der Fiederblättchen zum Theil cambialen Ursprungs.

Es ist bemerkenswerth, dass bei den bicollateralen, irrthümlich
zu den concentrischen gerechneten Rhizom-Bündeln mancher *Polypodiaceen*, das Scheiden-Folgemeristem unmittelbar an das Protohydrom
grenzt, welches letztere in diesen Fällen an zwei polaren peripherischen
Punkten des Procambiums sich entwickelt. Untersucht wurden in dieser
Hinsicht *Polypodium pustulatum*, Figur 11 und *P. vulgare*, Figur 10.
Bei diesen beiden Arten wird die äusserste Peripherie des Procambiums
von zwei zuweilen unterbrochenen, sichelförmigen, sich gegenüber-
stehenden Protoleptom-Gruppen eingenommen, die mit zwei die übrige
Peripherie des Procambiums einnehmenden kleinen Protohydrom-
strängen abwechseln, welche entweder unmittelbar an das Protoleptom
stossen (Figur 10 B und 11) oder durch Procambiumzellen von denselben getrennt werden (Figur 10 A). Das Centrum eines solchen

---

1) Coll. Gefässb. p. 130.
2) Haberlandt, collaterale Gefässbündel. p. 132—133.

jugendlichen Leitbündels wird also von Procambium, die Peripherie von dem Scheiden-Folgemeristem eingenommen, und zwischen diesen beiden befinden sich Protoleptom- resp. Protohydrom-Elemente. In den Blattstielen von *Polypodium vulgare* jedoch habe ich den alleinigen Protohydromstrang der kleineren Bündel nicht an das Coleogen grenzend gefunden. In Figur 13, welche ein fertig entwickeltes Rhizom-Bündel von *Polypodium glaucophyllum* darstellt, ist namentlich bei Ph Ph noch ganz deutlich aus der Richtung der genetischen Wandlinien wahrzunehmen, dass das Coleogen unmittelbar an das Protohydrom angrenzte. Im Stamme (*Lycopodium annotinum*) sind, wie es scheint, die drei bis vier Zellschichten, welche dem Stereommantel innen unmittelbar anliegen, ebenfalls gemeinsamen Ursprungs in dem dargestellten Sinne. Mein Material genügte jedoch nicht, diese Frage mit Bestimmtheit zu entscheiden.

7.

Ein mit dem **Cambium** der Phanerogamen vergleichbares Gewebe wurde bisher nur von Russow[1]) bei *Botrychium rutaefolium* gefunden. Der durch meist einreihige Markstrahlen durchbrochene Hydroidencylinder wird von einem Cambium umgeben, welches seinerseits von einer mit den Markstrahlen durch das Cambium hindurch communicirenden Amylomschicht umschlossen wird. Dann folgt nach aussen Leptom, dann nochmals eine Amylomschicht und endlich die Schutzscheide. Das Centrum wird von einem mit den Markstrahlen verbundenen Mark eingenommen.

8.

Ein besonderes Gewebe, dessen Bedeutung noch ganz unklar ist, bildet das **Lückenparenchym** Russow's[2]) vor dem Protohydrom in den einspringenden Winkeln gebogener Hydroiden-Platten in den Blattstielen mancher Farne. Die Zellen dieses Gewebes besitzen ein weiteres Lumen als die übrigen Bündel-Parenchymzellen und ihre Wände sind derart unregelmässig aus — und eingebuchtet, dass grosse Intercellularen zu Stande kommen. Es findet sich z. B. in dem Blattstiel von *Dicksonia antarctica, Blechnum Spicant, Asplenium angustifolium* u. s. w.

Terminologische Schemata für die Begriffe Xylem und Phloëm.

Wenn wir von allen Ausnahmen absehen, so gelten nach der jetzt

---

1) Vergl. Unt. p. 119, Tafel VII, Fig. 157.
2) Vergl. Unt. p. 101.

allgemein üblichen Nomenclatur folgende terminologische Schemata für die Begriffe Xylem und Phloëm:

a. Gefässkryptogamen.

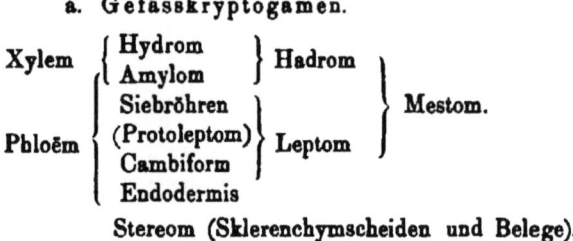

$$\text{Xylem}\begin{cases}\text{Hydrom}\\\text{Amylom}\end{cases}\text{Hadrom}$$
$$\text{Phloëm}\begin{cases}\text{Siebröhren}\\\text{(Protoleptom)}\\\text{Cambiform}\\\text{Endodermis}\end{cases}\text{Leptom}\Biggr\}\text{Mestom.}$$

Stereom (Sklerenchymscheiden und Belege).

b. Gefässkryptogamen nach Russow.

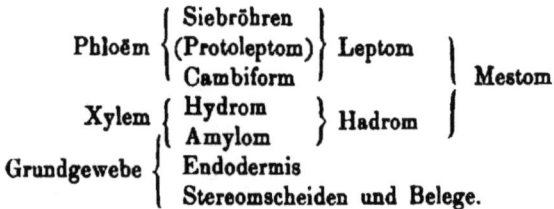

$$\text{Phloëm}\begin{cases}\text{Siebröhren}\\\text{(Protoleptom)}\\\text{Cambiform}\end{cases}\text{Leptom}$$
$$\text{Xylem}\begin{cases}\text{Hydrom}\\\text{Amylom}\end{cases}\text{Hadrom}\Biggr\}\text{Mestom}$$
$$\text{Grundgewebe}\begin{cases}\text{Endodermis}\\\text{Stereomscheiden und Belege.}\end{cases}$$

Der eine Theil des Amyloms gehört also hiernach zum Xylem, nämlich die Geleitzellen und die Xylemscheide, der andere Theil, nämlich die Phloëmscheide, zum Grundgewebe.

c. Die nicht in die Dicke wachsenden Phanerogamen.

$$\text{Xylem}\begin{cases}\text{Hydrom}\\\text{Amylom}\end{cases}\text{Hadrom}$$
$$\text{Phloëm}\begin{cases}\text{Siebröhren}\\\text{Cambiform}\end{cases}\text{Leptom}\Biggr\}\text{Mestom}$$

Grundgewebe { Stereom (Strangscheiden).

d. Die in die Dicke wachsenden Phanerogamen.

	Stereom	Mestom		
Xylem	Libriform	Hydrom Holzparenchym Markstrahlen	} Amylom	} Hadrom
Phloëm		Siebröhren Cambiform	} Leptom	
	Echter Bast			

IV. Anordnung der Gewebe-Systeme der Leitbündel bei den einzelnen Gefässkryptogamen - Familien.

Die Aufgabe des Folgenden ist, die Anordnung der Systeme bei den verschiedenen Farn-Gruppen in den allgemeinsten Zügen darzulegen.

A. Allgemeines.

Wenn die Leitbündel Skeletgewebe besitzen, so umgiebt dasselbe mit seltenen unten genannten Ausnahmen die Bündel zu äusserst, und wir haben dann Stereo-Mestom-Bündel. Die centrale Partie besteht daher fast immer allein aus Gewebe, welches ernährungs-physiologischen Zwecken dient, also aus Mestom. In den meisten Fällen haben die Skelet-Theile einzig lokal-mechanische Bedeutung zum Schutz der Bündel wie bei den *Polypodiaceen*, in anderen Fällen, wenn z. B. gleichzeitig die Bündel peripherisch angeordnet sind, wie bei den Baumfarn, den *Cyatheaceen*, stellen sie zugleich das biegungsfeste Gerüst des Stammes dar. Das Gewebe der Blattstiele mancher *Hymenophyllaceen* besteht ausschliesslich aus einem centralen Mestomstrang, aus Stereom und einer Epidermis; auch hier schützt das mechanische Gewebe nicht ausschliesslich das Mestombündel, sondern ist gleichzeitig das biegungsfeste Gerüst des Blattstieles. Den Elementen des Mestoms zwischengelagert kommen Stereïden, die sich im Xylem und Phloëm bei den in die Dicke wachsenden Phanerogamen regelmässig vorfinden, nur bei gewissen *Schizaeaceen*, dann bei *Psilotum* und *Tmesipteris* und bei *Adiantum trapeziforme* und vielleicht anderen *Adiantum*-Arten vor. Die Xylem-Partie des Leitbündels besteht immer aus einem Hadrom (Hydrom mit Amylom), im Centrum, namentlich wenn die Hydroiden weniger zahlreich sind, aus einem einfachen Hydromstrang, oder dem letzteren sind ausserdem Amylom-Elemente zwischengelagert. Dieses Hadrom wird entweder nur auf einer Seite von Leptom begleitet, so dass collaterale Bündel zu Stande kommen wie in den schwächeren Blattbündeln, oder aber die Bündel besitzen auf 2 gegenüberliegenden Seiten Leptomstränge, und das Ganze wird von Amylom umschlossen, und wir erhalten in dieser Weise bicollaterale Bündel, wodurch die meisten Wurzeln und z. B. auch die Stämme der *Polypodiaceen* ausgezeichnet sind. Echt concentrische Bündel, d. h. Leitbündel, welche durch sämmtliche Ebenen, die sich durch die Achse legen lassen, in zwei symmetrische Hälften getheilt werden, finden sich z. B. in den Rhizomen der *Marsiliaceen*.

Umgeben wird das Hadrom von einem Amylo-Leptom.

a. Bau der Wurzel-Bündel.

Wie bemerkt, ist der Bündelbau der Wurzeln im Wesentlichen

3*

überall derselbe, und wir geben daher gleich hier eine kurze Notiz über ihre Zusammensetzung, um nicht immer wieder dasselbe bei jeder einzelnen Gruppe wiederholen zu müssen.

Der gewöhnlich centrale Hydromstrang der Wurzel-Leitbündel ist meist diarch, bei manchen Arten [1]) triarch, bei anderen tetrach und bei den untersuchten *Hymenophyllum*-Arten meist tri- bis octarch. „In seltensten Fällen, wo der axile Strang einen bedeutenden Querdurchmesser erlangt, wie bei *Diplazium* und *Blechnum brasiliense*," ist nach Russow [2]) der Hydroidenstrang von Amylomzellen durchsetzt.

Mit den Hydroidenarmen wechseln Leptom-Partieen ab, die gewöhnlich von denselben durch Amylomlagen getrennt sind, und die nach aussen ebenfalls von Amylom umzogen werden. Bei *Ophioglossum vulgatum* liegt nach Russow [3]) das Protoleptom unmittelbar der Schutzscheide an, und bei *Marsilia* grenzt je eine einzelne Siebröhre an vier verschiedenen Stellen unmittelbar an die Hydroiden. Die Pole der Hydroidenplatten werden gewöhnlich von Amylom umzogen; die diarchen Wurzel-Bündel sind daher bicollateral gebaut. Das ganze Mestombündel ist in allen Fällen von einer Endodermis umgeben. Collaterale Anordnung kommt nach De Bary [4]) bei *Selaginellen*, *Lycopodien*, *Isoëtes* und *Ophioglossum* vor.

Die *Marattiaceen* - Wurzel - Leitbündel sind nach der Abbildung Ph. van Tieghem's [5]) nach dem gewöhnlichen Phanerogamen-Typus konstruirt. Sie besitzen nämlich kreisförmig um ein centrales Mark angeordnete mit einander abwechselnde Leptom- und Hydrom-Bündel. Nach Russow [6]) sind die Hydroiden in den unterirdischen Wurzeln bis zum Centrum ausgebildet und bilden einen fünfstrahligen Stern.

Die beiden beschriebenen Typen sind mit einander verbunden, denn der *Marattiaceen*-Bau, jedoch nur mit zwei Hydrom- und zwei Leptom-Theilen, die mit einander abwechseln, kommt zu Stande, wenn bei den diarchen Bündeln die beiden Leptom-Bündel derart durch Amylomelemente verbunden werden, dass die Hydromplatte im Centrum durchschnitten wird, wodurch ein kleines Mark entsteht. Dieser Fall findet sich nach van Tieghem [7]) bei *Nephrodium Thelypteris* und *Botrychium Lunaria*. Bei *Botrychium rutaefolium* fand ich drei Hydromstränge, die mit drei Leptom-Bündeln alternirten. Die einzel-

---

1) De Bary, Vergl. Anat. p. 377.
2) Vergl. Unters. p. 103.
3) V. U. Opbiogloss. p. 122. Mars. p. 19 mit Figur 17 auf Tafel II.
4) Vergl. Anat. p. 379.
5) Recherches sur la symétrie de structure des plantes vasculaires (Annales des sciences naturelles, Paris, 1870 – 71. XIII de la 5. Série.) Tafel 4, Figur 11.
6) V. U. p. 106.
7) l. c. Tafel V, Figur 18 und 27.

nen Stränge wurden von einander durch Amylom getrennt, welches
auch innerhalb der Endodermis das ganze Bündel umgab.

Die Nebenwurzeln entspringen nach C. Nägeli und H. Leitgeb[1])
„aus Zellen der innersten an den Cambium-Cylinder anstossenden
Rindenschicht“.

Oben ist das Parenchym der Wurzelbündel Amylom genannt
worden, weil ich in demselben in den untersuchten Fällen (*Nephrodium
Thelypteris, Osmunda regalis, Polypodium vulgare, Struthiopteris ger-
manica* u. a.) Stärke fand.

Das Wurzel-Amylom ist identisch mit den „cellules conjonctives“
von van Tieghem, der jedoch immer nur hyalinen oder transparenten
Inhalt angiebt.[2])

Diejenigen Arten, welche im Petiolus und Stamm kein Stereom
entwickeln, entbehren desselben nach Russow[3]) auch in der Wurzel.
Jedoch besitzen sonst die Wurzel-Bündel häufig mechanische Schutz-
vorrichtungen in Form von Skelet-Cylindern oder Skeletsträngen,
welche ausserhalb der Endodermis die Bündel begleiten, und die aus
1—3 und mehr Zelllagen bestehen. Nach Russow[4]) finden sich solche
Skelettheile bei *Hymenophyllum*-Arten und mehreren *Polypodiaceen*,
sowie bei *Marsilia* und *Schizaea*. Bei *Polypodium Platycerium*[5]) und
nach van Tieghem[6]) auch bei *Polypodium irioides* ist an zwei gegenüberliegenden Stellen, an den Hydroidenpolen, wo die Nebenwurzeln
entspringen, der Skeletcylinder unterbrochen.

b. Der Bau der schwächeren Blattbündel

ist nach Haberlandt[7]) übereinstimmend collateral bei allen Gruppen,
so dass auch auf die Blattbündel im Folgenden bei der Betrachtung
der einzelnen Familien nicht eingegangen werden soll. Zudem handelt
es sich bei der Betrachtung des Bündelbaues bei den verschiedenen
Gruppen nicht um eine auf Vollständigkeit Anspruch machende be-
schreibende Anatomie der Bündel, sondern nur um eine Darstellung in
den allgemeinsten Zügen der gegenseitigen Lagerung der physiologisch-
anatomisch zu unterscheidenden Gewebe-Systeme mit Anwendung der
im Vorangehenden begründeten Terminologie.

Der Uebergang vom „concentrischen“ zum Collateral-Bündel wird

---

1) Entstehung und Wachsthum der Wurzeln, p. 88. In dem 4. Heft der Beiträge
zur wiss. Botanik von Nägeli. München, 1867.

2) l. c. p. 61, 79, 81, 85.

3) V. U. p. 104.

4) V. U. p. 95, Anm. 2, p. 19, 99, 104.

5) V. U. p. 104.

6) l. c. Tafel V, Figur 19.

7) Coll. Gef.

nach Haberlandt[1]) gewöhnlich schon in den Hauptnerven der Wedel-
spreite allmählich vorbereitet. Der Hadromtheil verlässt immer mehr
und mehr seine centrische Lage, und, der morphologischen Oberseite des Wedels zustrebend, drängt er das oberseits gelegene Lepton
bei Seite. „So kommt nun zunächst ein excentrischer Bau des Gefässbündels zu Stande. Das Hadrom wird oberseits nur von einer dünnen
Leptomschichte bedeckt, welche seitlich in die mächtig ausgebildete
Leptomschichte der Unterseite übergeht. Schliesslich wird das Lepton
der Oberseite ganz durchbrochen und das Gefässbündel ist collateral
geworden." Die schwachen und schwächsten Bündel des Blattes von
Osmunda regalis behalten auf der Oberseite des Hadroms eine ununterbrochene Lage von „Leptom-(Cambiform-)Zellen". Zwischen den Hydrom-
Elementen fand Haberlandt[2]) weder Parenchymzellen noch Stereïden.
Das erstere ist nach dem im Abschnitt 4: Das Hadrom, Gesagten
leicht erklärlich, da die schwachen in Rede stehenden kleinen Blattbündel auch nur schwache Hydromstränge besitzen. Ob die weiteren
Elemente, welche sich bei stärkerer Ausbildung zwischen engeren
„Cambiformzellen" finden, als Siebröhren anzusprechen sind, lässt der
genannte Autor[3]) dahingestellt. Die zartesten Bündel bestehen ausschliesslich aus Hydroiden.

Entweder verdicken sich blos die an die Endodermis grenzenden
Wandungen der benachbarten Zellen und werden sklerotisch, oder das
Bündel wird von einer einfachen oder mehrschichtigen Scheide aus
mechanischen Zellen umschlossen, wie bei *Aspidium aculeatum*, *Polypodium vulgare* und *Scolopendrium vulgare*[4]).

Da Haberlandt, wie wir früher bereits bemerkten, seiner eigenen
Terminologie untreu wird, so können wir leider nicht unterscheiden, in
wie weit das von ihm als Leptom bezeichnete Gewebe als Cambiform
in dem oben definirten Sinne oder als Amylom aufzufassen ist. Wenn
von Amylom, wie ich für viele Fälle vermuthe, die Rede ist, so würde
es angezeigt sein, das Bündel von dem Moment an collateral zu nennen,
wo auf der einen Seite der Hydroiden alle wirklichen Leptom-
Elemente verschwunden sind, weil das an dieser Stelle etwa zurück-
gebliebene Amylom aus physiologischen Gründen besser zu den Hydroiden gezogen wird. Bei *Scolopendrium vulgare* kommt auf der Hydromseite der schwächeren Blattbündel eine Lage „Cambiform" vor, und
Haberlandt[5]) nennt daher diese Bündel nur excentrisch, aber nicht
collateral.

Ob die collaterale Anordnung des Leptoms und Hadroms in den

1) Coll. Gef. p. 125, 126.
2) Coll. Gef. p. 128.
3) Coll. Gef. p. 128.
4) Coll. Gef. p. 131.
5) Coll. Gef. p. 134.

Blatttheilen aus Zweckmässigkeitsgründen geschieht, wissen wir nicht. Man könnte sich etwa denken, dass die Hydromtheile desshalb nach der Oberseitegewendet erscheinen, weil diese leicht stärker verdunstet als die Unterseite. Es muss daher für das Gewebe der Oberseite vortheilhaft sein, das Gewebe, welches für Wasserzufuhr sorgt, oder welches das Wasserreservoir darstellt, so nahe als möglich zu haben.

B. Die einzelnen Gruppen der Gefässkryptogamen.

Die Angaben im Folgenden beziehen sich lediglich auf die Leitbündel im Stamm und im Petiolus.

In der systematischen Gliederung bin ich dem von Eichler in seinem Syllabus [1]) gegebenen System gefolgt.

1. Equisetaceae.

Stamm-Bündel collateral. Der vom Mark abgewendete, aus Siebröhren, Protoleptom und nach De Bary auch aus Cambiform zusammengesetzte Leptomtheil wird an den beiden radialen Seiten von wenigen Hydrom-Elementen begleitet und grenzt an einen grossen, nach der Angabe der Autoren schizogen entstehenden, Intercellularraum, an dessen radialen Seiten sich ebenfalls einzelne, wie J. Duval-Jouve[2]), R. Sadebeck[3]) u. a. angeben, zum Theil resorbirte, also nicht mehr funktionirende Hydroiden befinden. Das Uebrige wird von Amylom eingenommen, welches, wie bei den meisten *Liliaceen*, ohne scharfe Grenze in das dickwandige Grundparenchym übergeht.

Die Hydroiden werden von Amylom umgeben, und auch die Siebgefässe sind nach Russow[4]) theilweise durch Amylomzellen getrennt. Der ganze die Leitbündel enthaltende centrale Theil wird bekanntlich häufig, von einer äusseren gemeinsamen Schutzscheide umschlossen und zuweilen auch durch eine innere Scheide vom Centrum abgegrenzt. Bei manchen Arten (z. B. Rhizom von *Equisetum litorale*) kommen nach E. Pfitzer[5]) Einzelscheiden vor.

2. Lycopodiaceae.

Der centrale cylindrische Strang der *Lycopodium*-Stämme enthält mit einander anastomosirende Hydromplatten, welche die Neigung haben, namentlich bei *Lycopodium Selago*, einen auf dem Querschnitt sternförmigen Hydromtheil zu bilden. Die Platten sind von einander

---

1) Berlin, 1880, p. 16—18.
2) Histoire natur. des Equis. de France. Paris, 1864, p. 39.
3) Die Gefässkryptogamen in Schenk's Handb. der Botanik. Breslau, 1880, p. 289.
4) Vergl. U. p. 140—142.
5) Ueber die Schutzscheide der deutschen Equisetaceen. In Pringsheim's Jahrb. f. wiss. Bot. Leipzig, 1867—1868, VI, p. 297—362.

durch ein sehr plasmareiches, länglich parenchymatisches bis prosenchymatisches, soweit ich bei *Lycopodium annotinum* gesehen habe, porenloses Gewebe getrennt, welches vielleicht trotz seiner Dickwandigkeit, wegen der Inhaltsbeschaffenheit als Cambiform zu bezeichnen ist. Zwar giebt Dippel an, dass die Grundmasse der *Lycopodium*-Bündel ein „enges derbwandiges, langgestrecktes, Stärke führendes Parenchym" sei, allein weder F. Hegelmaier[1]) noch Russow[2]) noch ich selbst (ich untersuchte *Lycopodium alpinum, annotinum, clavatum* und *Selago*) haben in den zwischen den Hydroiden befindlichen Zellen Stärke auffinden können. Russow und De Bary[3]) geben als Inhalt nur ein gelbliches Oel an, und dies würde allerdings wieder dafür sprechen, dass das in Rede stehende Gewebe besser als Amylom aufzufassen sei, weil ja Oel als Aequivalent für ein Kohlenhydrat gelten kann. Jedenfalls ist dies Gewebe aber von dem charakteristischen übrigen unzweifelhaften Amylom, welches ausserdem in den *Lycopodium*-Bündeln vorkommt, zu unterscheiden. Nach Hegelmaier[4]) nämlich tritt nur vorübergehend Stärke in feinen Körnchen auf in der „Phloëmscheide", also in dem Gewebe, welches zu äusserst die Bündel umgiebt, und ich selbst habe an Präparaten von *L. annotinum*, die mir Herr stud. phil. M. Brandt vorlegte, in dem bezeichneten Gewebe ebenfalls Stärke konstatirt. Diese Zellen besitzen nun auch daneben, wie ich wenigstens ebenfalls bei *Lycopodium annotinum* fand, einfache runde Tüpfel, und diese anatomische und Inhaltsbeschaffenheit nöthigt uns, dieses Gewebe als das unzweifelhafte Amylom des Leitbündels aufzufassen. Ausser der Beobachtung Hegelmaier's und dem Vorhandensein von Tüpfeln spricht überdies für die Auffassung dieses Gewebes als Amylom noch die Analogie mit den Bündeln der *Selaginellaceen* — die im nächsten Abschnitt betrachtet werden — welche an der korrespondirenden Stelle ebenfalls ihr Amylom besitzen.

Die mittlere Lage der Cambiformlamellen wird von einzelnen Siebröhren eingenommen, die auf dem Querschnitt an dem grösseren Lumen und ihrer Inhaltslosigkeit leicht kenntlich sind, oder die Siebröhren bilden mit den Hydroidenplatten abwechselnde Lamellen[5]). An den Membranen fand ich bei *Lycopodium annotinum* einfache runde kleine Tüpfel.

Eine Schutzscheide scheinen viele Arten zu entbehren; jedoch müssen über das Fehlen oder Vorhandensein dieses Organes noch weitere Untersuchungen angestellt werden. Nach Russow [6]) ist die

---

1) Botan. Zeitung. Leipzig, 1872, Spalte 777.
2) Vergl. U. p. 129.
3) Vergl. Anat. p. 364.
4) Botan. Zeitung. Leipzig, 1872, Spalte 777.
5) cf. Janczewski, Tubes cribr. p. 234.
6) Vergl. Unt. p. 129—130.

ein- bis dreischichtige Scheide innerhalb des Stereoms als Schutzscheide oder wenigstens als Analogon derselben aufzufassen.

Zufolge der gegebenen Darstellung kann man also sagen, dass die *Lycopodium*- und, wie wir sehen werden, die *Selaginella*-Bündel im Centrum ausschliesslich aus Hydrom und Leptom bestehen und in ihrer Peripherie aus Amylom.

Bei einem ausländischen *Lycopodium* (*L. cernuum*) fand ich einen unregelmässig von Leptomsträngen unterbrochenen centralen Hydroiden-Cylinder. Das Leptom besteht aus gestreckt-parenchymatischen, die Hydroiden berührenden Zellen mit reichlichem Plasma. Die Siebelemente lagen an einigen Stellen den Hydroiden unmittelbar an.

Abweichend ist nach Russow[1]) und De Bary[2]) der Bündelbau der oberirdischen Aeste von *Psilotum*. Ein triarcher bis pentarcher und octarcher Hydromkörper wird in seinem Centrum von einem Stereomstrang durchzogen. Die übrige von einer Schutzscheide umgebene Partie besteht aus zartwandigem, prismatischem Parenchym, und in diesem, zumal in der Peripherie zwischen den Hydromstrahlen finden sich zerstreut wenigzellige Gruppen von etwas engeren und dickwandigen Siebröhren. Auch das Centrum der *Tmesipteris*-Bündel[3]) wird „von dickwandigen, lang gestreckten, schräg gestutzten Zellen eingenommen . . . ., mit zahlreichen, sehr grossen Tüpfeln".

Mit Ausnahme von *Lycopodium inundatum* besitzen die *Lycopodium*-Arten nach Russow[4]) eine aussen von der Endodermis (?) liegende mehrschichtige Stereomscheide, die bei *L. annotinum* die ganze Rinde überhaupt einnimmt.

Das Gewebe, welches wir oben am ehesten noch als Cambiform ansprechen zu dürfen glaubten, übernimmt in dem vorliegenden Falle die Funktion, welche sonst allgemein den Amylom-Elementen zukommt, da es offenbar das typische Amylom vertritt, welches bei den übrigen Farngewächsen die Hydroiden begleitet, um den Saft-(Wasser-)Austausch zwischen dem Hydrom und dem übrigen saftigen Gewebe zu regeln. Da für diese Aufgabe verlangt wird, dass die parenchymatischen Hydroiden-Begleiter einen lebensfähigen, endosmotisch wirkenden Primordialschlauch besitzen, so ist es gleichgültig, ob Amylom oder Cambiform oder sonst ein dieser Bedingung entsprechendes Gewebe die Hydroiden unmittelbar berührt. Das *Lycopodiaceen*-Cambiform scheint mehr ein Gewebe zu sein, welches zusammen die Funktionen verrichtet, in welche sich sonst das Amylom und das Cambiform theilen. Es berührt bei den *Lycopodiaceen* nicht nur unmittelbar die

---

1) V. U. p. 131—132.
2) V. Anat. p. 362.
3) V. U. p. 131—132.
4) V. U. p. 130.

Hydroiden, sondern auch die Siebröhren und zeigt hiermit an, dass es wahrscheinlich zu diesen beiden Bündel-Elementen in einer Beziehung steht.

3. Selaginellaceae.

Mit Ausnahme der Wurzel fehlt in den übrigen Organen die Endodermis bei den *Selaginellen*[1]); sonst gilt der für *Lycopodium* beschriebene Bau im Wesentlichen auch für diese Familie.

Das Hydrom ist diarch bis polyarch.

Janczewski[2]) hat in dem bei den *Lycopodiaceen* Cambiform genannten Gewebe bei *Selaginella Martensii* ebenfalls keine Stärke und kein Chlorophyll gefunden. Er beschreibt die Zellen als dünnwandig und tüpfellos, von länglicher Form, mit granulösem Plasma, so dass auch hier, wie mir scheint, von einem Cambiform gesprochen werden darf. Dies Cambiform umgiebt bei der genannten Art die diarche Hydromplatte und wird seinerseits von einer gewöhnlich zweischichtigen Lage von Sieb-Elementen umgeben, die an den Polen der Hydromplatte fehlen. Das Cambiform stösst hier unmittelbar auf Zellen des Gewebes, welches das ganze Bündel umgiebt. Die Zellen des letzteren sind dickwandiger als die Siebröhren, mit runden Tüpfeln und mehr oder weniger geneigten Querwänden versehen. Der Inhalt besteht aus Plasma und Chlorophyllkörnern mit kleinen Einschlüssen von Stärke. Wegen der Tüpfel und des Inhalts möchte ich dieses Gewebe als Amylom ansprechen.

Die Bündel mit diarchem Hydrom sind nach dem Gesagten bicollateral zu nennen.

4. Isoëtaceae.

Auch hier fehlt nach Russow[3]) in den Stamm- und Blattorganen den Bündeln die Endodermis. Die Blattbündel sind collateral, die Stammbündel concentrisch gebaut.

Der axile Stammstrang besitzt ein centrales Hadrom. Dass die nach De Bary[4]) unregelmässig zwischen die Hydroiden gelagerten zartwandigen Parenchymzellen Amylom sein werden, schliesse ich aus Analogie, da nach Janczewski[5]) die Hydroiden der Blattbündel von *Isoëtes Durieui* durch Amylom von einander getrennt sind. Das Hadrom scheint nach Russow[6]) und De Bary[7]) von einer Lage Leptom um-

---

1) De Bary, l. c. p. 359.
2) l. c. p. 246—248.
3) V. U. p. 140.
4) V. Anat. p. 861.
5) l. c. p. 250.
6) Sachs, Lehrb. I. Aufl. 1868, p. 383. — V. U. p. 139.
7) L c. p. 361.

geben zu sein, welches durch ein Rindenmeristem[1]) von der Rinde abgeschlossen wird. Die Leptomzellen beschreibt De Bary[2]) als kurzprismatisch oder tafelförmig, mit wasserhellem Inhalt, die Membranen mit breiten sehr zarten Tüpfeln, aber nicht mit deutlichen Siebporen. Russow[3]) sagt von den Wänden, dass sie deutlich verdickt und fein getüpfelt seien.

Nach Janczewski[4]) besteht die Grundmasse der Blattbündel von *Isoëtes Durieui* aus Amylom. Das Centrum wird von drei Luftgängen eingenommen, welche die Ecken eines gleichschenkeligen kleinen Dreiecks einnehmen. Die Gänge werden von Endodermis-Zellen umgeben. Ausserhalb der beiden Schenkel des Dreiecks liegt im Amylom je eine Protoleptomplatte; die dritte Seite geht parallel dem Hadrom. Die Protoleptomgruppen zeigen auf ihren äusseren Seiten einige kleine dünnwandige Zellen mit gleichem Inhalt wie die Protoleptomzellen, deren feineren Bau Janczewski jedoch nicht zu erkennen vermochte. Vielleicht sind sie als Cambiformzellen anzusprechen.

5. Hymenophyllaceae.

Bündel mit Endodermis. Siebröhren oder ähnliche Elemente konnte Prantl[5]) bei keiner Pflanze der ganzen Familie auffinden. Die Grundmasse besteht nach dem genannten |Autor aus dünnwandigem „Cambiform", dessen Zellen von langgezogener Gestalt sind mit geraden oder etwas schiefen Querwänden. Da der Inhalt dieses Gewebes aus reichlichem Plasma und Stärke besteht, so ist dasselbe das Amylom der Leitbündel. In den oberirdischen Organen enthält das Amylom auch Chlorophyll (*Hymenophyllum nitens*). Auf der einen Seite wird das Amylom der meist collateralen Blattstränge von einem Hydroidenstrang durchzogen, der häufig von Amylomzellen durchsetzt ist; die andere Seite wird von einem Strang aus „Bastzellen", wie Prantl sie nennt, eingenommen. Diese Bastzellen sind, wie ich konstatirte, Protoleptom und somit nach dem früher Gesagten sehr wahrscheinlich zu den Siebröhren zu rechnen.

Stereom, den Hydroiden anliegend, tritt nach Prantl[6]) in den Bündeln in den Sectionen *Davalliopsis* und *Feea* auf; ausserdem werden die Blattbündel häufig von einem Stereomcylinder umgeben, so dass wir Stereo-Mestom-Bündel erhalten.

Der centrale Strang der Stammtheile von *Hemiphlebium* ist ebenfalls collateral. In dem peripherischen Amylom der bei den übrigen

1) Sachs l. c. — V. U. p. 189.
2) l. c. p. 361.
3) Sachs, Lehrb I. Aufl. 1868, p. 383. — V. U. p. 139.
4) l. c. p. 250—252.
5) Hymenophyllaceae p. 17.
6) Hymenophyll. p. 22.

Gattungen concentrischen Bündel finden sich isolirt „Bastzellen", die bei den höheren Arten „als mehrfache ununterbrochene Schicht auftreten".[1]

Da nun im Allgemeinen ein Zusammenhang zwischen allen Amylom-Elementen vorhanden ist, untersuchte ich von den „höheren Arten" das Rhizom von *Hymenophyllum nitens*. Es macht hier allerdings zuerst den Eindruck, als ob die Protoleptomzellenschicht einen continuirlichen „ununterbrochenen" Cylinder darstellt, allein eine eingehende Untersuchung ergiebt, dass gewöhnlich an zwei gegenüberliegenden Stellen eine Communication der äusseren und inneren Amylomlagen durch gleichnamige Elemente stattfindet. Die *Hymenophyllaceen* bieten daher ebenfalls keine Ausnahme von der obigen Regel.

Die centrale Amylompartie wird von mehr oder weniger in Gruppen vereinigten Hydroiden durchzogen. Die unmittelbar dem Protohydrom anliegenden Amylomzellen „zeichnen sich durch weiteres Lumen und durch eigenthümliche Aussackungen aus"[2]), so dass sie als Lückenparenchym gelten können.

6. Polypodiaceae.

Es wurde im Vorausgehenden schon mehrere Male darauf hingewiesen, dass den *Polypodiaceen* allgemein irrthümlicher Weise concentrische Leitbündel zugeschrieben werden, und De Bary[3]) nennt bekanntlich sogar den concentrischen Bau den Farntypus, während thatsächlich, vielleicht in den meisten Fällen, die Leitbündel — wenigstens die der Rhizome — bicollateralen Bau aufweisen. An der von De Bary in seiner vergleichenden Anatomie gegebenen Figur 160 (auf p. 356) eines Querschnittes durch ein Rhizombündel von *Polypodium vulgare* kann man auch — wenn man die Zusammensetzung der *Polypodiaceen*-Leitbündel einmal genau kennt — die Bicollateralität erkennen. Jedoch sind in der Figur die Amylomelemente und die Leptomzellen nicht von einander unterschieden dargestellt, so dass es hierdurch den Anschein hat, als ob um das centrale Hydrom ein ununterbrochener Mantel gleichartigen Gewebes (Phloëm) sich herumzöge.

Unsere Figur 13 giebt eine Darstellung der Querschnitts-Ansicht eines typischen *Polypodiaceen*-Rhizom-Leitbündels. Das Lumen der Amylom-Elemente (Holzparenchym) ist zur Unterscheidung von den ausschliesslich Eiweissstoffe leitenden Leptomzellen schraffirt dargestellt. Im Centrum erblicken wir ein Hadrom: nämlich einen Hydroidenstrang mit einem denselben allseitig umgebenden Amylommantel und einigen zwischen die Hydroiden gelagerten Amylomzellen. Dem Amylom-

1) **Prantl**, Hym. p. 26—27.
2) **Hymenophyll.** 19.
3) l. c. p. 359.

mantel anliegend befindet sich auf jeder der Breitseiten des Hadroms je eine Leptomsichel (L), deren Aussenseiten aus dickwandigem Protoleptom besteht, dessen Zellen ich für die physiologischen Aequivalente der Siebröhren halten möchte. Das übrige Leptomgewebe scheint Cambiform zu sein. Die nicht von Leptom eingenommenen beiden gegenüberliegenden Stellen des Hadroms beim Protohydrom (Ph) stehen mit dem Amylomcylinder, welcher das ganze Bündel innerhalb der Endodermis (E) umgiebt, in Verbindung, so dass das Amylom des Hadroms (Xylems) und dasjenige des Phloëms, d. h. des Amylo-Leptoms, also die Xylem- und Phloëmscheide an den bezeichneten beiden Längsstreifen mit einander communiciren. — Vgl. auch die Figuren-Erklärung.

Wie bereits früher bemerkt wurde, sind im allgemeinen den Hydroiden dann Amylom-Elemente zwischengelagert, wenn die Hydroidenschicht eine grössere ist. Beispiele hierfür anzugeben ist kaum lohnend; man findet solche z. B. in Russow's Vergleichenden Untersuchungen (p. 101).

Schon Janczewski[1]) macht auf den bicollateralen Bau der Rhizombündel von *Polypodium vulgare* und *Pteris aquilina* aufmerksam, und dieser Autor giebt an[2]), dass im Rhizombündel von *Aspidium Filix mas* mit dreistrahligem Hydroidenstrang auch drei Leptomtheile im Amylom auftreten. — Untersucht habe ich und übereinstimmend bicollateralen Bau gefunden Arten aus den Gattungen *Adiantum, Aspidium, Polypodium* und *Pteris*.

In den Blattstielen scheinen jedoch häufig oder gewöhnlich die Pole der Hadromplatten von Leptom umzogen zu werden, so dass dasselbe die Hydroiden fast continuirlich umgiebt. Nur hier und da wird das Leptom von Amylom-Elementen durchbrochen, und sämmtliche Amylomzellen des Bündels bleiben daher trotzdem unter einander verbunden. Bei *Adiantum trapeziforme, Blechnum Spicant, Onoclea sensibilis, Asplenium angustifolium* und anderen stehen die inneren (Xylemscheide) und äusseren (Phloëmscheide) Amylom-Elemente besonders oder ausschliesslich auf der concaven Seite des Bündels mit einander in Verbindnng.

Eine Endodermis grenzt die Bündel des Blattstieles und des Rhizoms entweder nach aussen allein ab, oder derselben liegen noch lokalmechanische Stereombelege in Form von Strängen oder in Form eines ein- bis mehrschichtigen Stereomcylinders an. Häufig findet sich eine einschichtige Scheide mit nach innen einseitig verdickten Membranen. Aehnlich wie bei den baumförmigen *Cyatheaceen* umgiebt im Rhizom von *Polybotria Meyeriana* ein mehrschichtiger Stereomcylinder das Bündel, jedoch so, dass zwischen Endodermis und Stereomscheide der

---

1) l. c. p. 217, 221.
2) l. c. p. 219—220.

grösseren Bündel stellenweise stärkeführendes Grundparenchym ver-
bleibt. — Dass in seltenen Fällen (*Adiantum trapeziforme*) innerhalb
der Mestomelemente echte Stereïden vorkommen, wurde bereits ausführlich in dem Abschnitt über das Stereom erörtert.

Ueber das in den Winkeln der Hydroiden nicht selten vorhandene
Lückenparenchym wurde ebenfalls bereits früher gesprochen.

7. Cyatheaceae.

Im Gegensatz zu den *Polypodiaceen* würde hier nach der Beschreibung Janczewski's[1]) im Rhizom von *Dicksonia rubiginosa* eine
ein- bis zweischichtige Siebröhrenlage continuirlich das nach Analogie
Amylom zu nennende Gewebe in einen äusseren (Phloëmscheide) und
einen inneren (Xylemscheide) Mantel trennen; ich vermuthe jedoch,
dass diese Amylomtheile durch das Leptom hindurch mit einander communiciren. Nach Dippel[2]) kommen Siebröhren im Bündel des Wedel-
stieles von *Cyathea microlepis* vorzugsweise oder einzig auf der convexen
Seite des halbmondförmigen Leitbündels vor, und es wird daher an der
concaven Seite die Communication des Amyloms stattfinden.

Ob man übrigens hier von einem Amylom reden darf, muss dahin
gestellt bleiben. Die Autoren sagen über den Inhalt der in Rede
stehenden parenchymatischen Bündelzellen nichts aus, und ich selbst
habe in den untersuchten *Alsophila*-Stämmen aus dem hiesigen Königl.
botanischen Museum und botanischen Garten niemals innerhalb der
Schutzscheide Stärke gefunden. Die zwischen den Hydroiden vorhandenen und die übrigen ausserhalb derselben befindlichen Parenchymzellen des Phloëms, die mit den Amylom-Elementen zu vergleichen
wären, zeigten immer nur einen sehr reichlichen Plasma-Inhalt. Es
kann jedoch sein und es ist nach Analogie sogar wahrscheinlich, dass
die Stärke nur vorübergehend verbraucht war. Es ist hier um so ge-
botener vorsichtig zu sein, als beispielsweise H. Schacht[3]) verleitet
wurde auszusprechen, dass sich bei den Farnkräutern in den Zellen des
Gefässbündels niemals Stärkemehl vorfindet. Offenbar hat dieser
Autor ganz zufällig immer nur Bündel zu Gesicht bekommen, deren
Stärkebestandtheile gelöst worden waren.

Zwischen der Endodermis und dem mehrschichtigen Stereombeleg,
der nur gewöhnlich an den Polen des Bündels unterbrochen ist, findet
sich reichlich Stärke führendes Grundparenchym, welches nach Russow[4])
einzelne grosse Gummizellen führt. Die Stereom-Bekleidungen der
Bündel dienen gleichzeitig als biegungsfestes Gerüst der aufrechten

---

1) l. c. p. 216.
2) Zus. d. Gef. p. 144.
3) Lehrb. d. Anat. u. Phys. d. Gew. I, Berlin, 1856, p. 320.
4) V. U. p. 104–105.

Stämme und erhöhen, worauf ich schon früher aufmerksam machte[1]), bei manchen Arten durch ihre wellblechförmige Construction die Festigkeit um ein Beträchtliches. Auch der Stereomcylinder von *Dicksonia rubiginosa* enthält nach Janczewski[2]) Parenchymzellen, die sich namentlich in die Nachbarschaft der Endodermis gruppiren. Im Blattstiel von *Alsophila* liegt die Stereomplatte der Schutzscheide nach Russow[3]) an.

Auch hier findet sich in den Längsfurchen der Hadrombänder oft Lückenparenchym.

8. Gleicheniaceae.

Die Bündel der von Russow[4]) untersuchten *Gleichenia*-Arten zeigten übereinstimmenden Bau mit den Bündeln der *Hymenophyllaceen* mit der Abweichung, dass er in den Blattstielbündeln der beiden allein von ihm untersuchten Arten *Gl. dichotoma* und *polypodioides* Stereïden den Hydroiden anliegend oder durch Amylom von denselben getrennt gefunden hat. Bei *Gl. polypodioides* liegen diese Stereomzellen „in den Winkeln der nach innen umgebogenen Schenkelenden des V-förmigen Xylemquerschnitts und an der Aussenseite der abgerundeten Spitze des Xylems, in welcher die Schenkel zusammenstossen". Bei *Gl. dichotoma* sind die Stereïden entsprechend gestellt, und ausserdem besitzen die Bündel dieser Art ausserhalb der Endodermis einen zwei- bis dreischichtigen Cylinder aus Skeletgewebe.

Die Bündel eines von mir untersuchten *Gleichenia*-Rhizoms (*Gl. Mendelii* des Berl. bot. Gartens) besassen ein centrales Hadrom mit einem stark entwickelten Amylom, und dieser Theil wurde von einem in ein Amylom eingebetteten Leptom umgeben.

9. Schizaeaceae.

Nach Prantl[5]) hat das nicht von Amylom-Elementen durchsetzte Hydrom auf dem Querschnitt der Blattstiele der *Schizaea*-Arten mehr oder minder ankerförmige Gestalt. Durch Amylom getrennt oder den Hydroiden unmittelbar angrenzend liegen in den beiderseitigen Concavitäten des Hydroms Stereomstränge. Von einzelnen Amylomzellen unterbrochen liegt in einem Halbkreis auf der den Ankerzinken gegenüberliegenden Seite des Bündels eine Reihe enger Siebröhren, von denen die dem Stereom am nächsten befindlichen mit diesem in unmittelbare Berührung treten können. Die Bündel sind also collateral.

---

1) Das mechanische Gewebesystem der Pflanzen. In „Kosmos" herausg. von E. Krause, Stuttgart, 1882, XI, p. 181—182.

2) l. c. p. 216.

3) V. U. p. 104—106.

4) V. U. p. 6, 96—97.

5) Schizaeaceae, p. 23—31.

Das Ganze wird von einem Amylomcylinder, dieser von einer Endodermis und diese bei manchen Arten von einem Skeletcylinder umschlossen. In dem Bündelstück, welches durch die Blattbasis läuft, fehlen die Stereïden des Bündelinnern. In den concentrischen Strängen der Stämme folgen von aussen nach innen nacheinander folgende Gewebe-Arten. Zuerst eine Endodermis, dann Amylom, eine bis zwei Lagen Siebröhren, wieder Amylom und endlich das Hydrom. Das letztere umschliesst bei *Schizaea*-Arten ein centrales Amylom, welches bei *S. elegans* dickwandig, also der Zugfestigkeit angepasst erscheint. Diesen centralen Markparenchym-Cylinder rechnet man am besten, wie wir früher bemerkten, zum Bündel, weil es nach dem Vorhergehenden sehr nahe liegend ist anzunehmen, dass die Elemente desselben in derselben physiologischen Beziehung zu den Hydroiden stehen wie die Amylom-Elemente, welche in den anderen Fällen die Hydroiden umgeben und zwischen diesen sich finden.

Die markumschliessenden Stränge von *Aneimia* besitzen einen doppelten, inneren und äusseren Ring von Siebröhren. In den breit-V-förmigen collateralen Blattstiel-Bündeln von *A. Phyllitidis* wiederholt das centrale Hydrom die Gestalt des Bündels. Auf der concaven Seite des V-Hydroms, nämlich an den Schenkelenden und in dem V-Winkel befindet sich das Protohydrom und diesem anliegend Lückenparenchym. Von zahlreichen Amylomzellen durchsetzt umziehen die Siebröhren die convexe Hydromseite und bilden ausserdem noch je eine ebenfalls von Amylom durchsetzte isolirte Gruppe gerade vor den Erstlingshydroiden der Schenkel. Stereïden finden sich theils die Siebröhren und Hydroiden unmittelbar berührend oder von ihnen durch Amylom getrennt an der convexen V-Spitze und an den beiden Schenkelenden; sie wurden von Prantl vermisst in den Leitbündeln von *A. Dregeana, Gardneri, lanuginosa* und bei *Mohria*, welche letztere Gattung im Bau der Stränge sich wie *Aneimia* verhält. Zu äusserst findet sich Amylom und eine Endodermis. Die Petiolus-Leitbündel von *A. coriacea* besitzen zwei divergirende Hydrombänder, die auf ihren beiden Breitseiten je eine Gruppe von Siebröhren aufweisen, welche durch Stereïden von den Hydroiden geschieden werden.

Der centrale, ohngefähr prismatisch-dreiseitige Hydroidenstrang von *Lygodium* ist von reichlichem Amylom (mit Clorophyllinhalt) durchsetzt. Je ein Strang Siebröhren mit Amylom folgt den Prismaflächen. Die Siebröhren grenzen entweder direkt an die Hydroiden oder sind von Amylom davon getrennt. Das Ganze umgiebt ein Amylomcylinder und eine Endodermis. Im Stamm sind die genannten Gewebearten regelmässig concentrisch in der gleichen Aufeinanderfolge geordnet. Nur bei *L. flexuosum* und sehr vereinzelt bei *L. volubile* fand Prantl den Hydroiden beinahe unmittelbar angrenzend Stereïden.

In dem Winkel zwischen den beiden Schenkeln des Petiolusstranges von *Mohria* liegt ein Skeletbündel. Bei vielen *Lygodium*-Arten wird das Blattbündel von einem Skeletcylinder umschlossen, der ganz allmählich in ein zwar sklerenchymatisch bleibendes, aber doch dünnwandigeres Parenchym übergeht.

10. Osmundaceae.

Das centrale Hydrom des C-förmigen Blattstielbündels von *Osmunda regalis* ohne Amylom. Zwischen der Schutzscheide und dem Hydrom in dem das letztere umgebenden Amylom Siebelemente, die nach Dippel [1]) vorzugsweise oder einzig an der convexen Seite des Leitbündels erscheinen. Auf der concaven Seite treten nach Russow [2]) an 10—12 Punkten der Phloëmscheide gruppenweise mehrere Amylomzellen auf, die durch ihr weites Lumen, welches das der benachbarten Zellen um das 4—5fache übertrifft, ausgezeichnet sind. Der concaven Seite der Endodermis liegt im basalen Theil des Petiolus ein Skeletstrang an.

Das Bündel des Rhizoms derselben Art besitzt nach De Bary [3]) direkt an das Markparenchym grenzende hufeisenförmige bis keilförmige Hydromstränge mit wenig eingeschobenem Amylom, die von einander durch 6—10schichtige Markstrahlen getrennt sind. In diesen finden sich nach Janczewski [4]) zerstreut einige Siebröhren, die nicht mit den Siebröhren der Bündel-Peripherie, die sich ein Stück in die Markstrahlen hineinziehen, zusammenhängen. Ausserhalb des die Hydromstränge gemeinsam umgebenden Amyloms findet sich nach De Bary eine fast ununterbrochene Lage grosser Siebröhren. „Direkt an die Siebröhrenschicht grenzt dann nach aussen eine Schicht quer-gestreckter, zum Theil derbwandiger Elemente." Aussen von dieser Zone verläuft eine Endodermis.

Die *Todea*-Bündel [5]) gleichen im Wesentlichen denjenigen von *Osmunda*. Bei *Todea africana* sind auch auf der concaven Leitbündelseite in dem untersten Theile des Blattstiels Siebröhren vorhanden.

11. Marattiaceae.

Die mit Ausnahme der Wurzeln gewöhnlich schutzscheidenlosen, meist plattenförmigen Bündel besitzen ein centrales Hydrom, welches Amylom zwischen sich aufweist, wenn die Hydroidenmasse grösser wird. Beim

1) Zusammensetzung d. Gefässbündel p. 144.
2) V. U. p. 99
3) l. c. p. 360—361.
4) l. c. p. 228.

4

Protohydrom findet sich nach Russow[1]) Lückenparenchym. Sonst wie gewöhnlich. — Vergl. De Bary's Vergleichende Anatomie[2]).

Nach H. G. Holle[3]) kommt bei *Danaea* auch im Stamm und im Blattstiel eine „Strangscheide" vor.

12. Ophioglossaceae.

Nach Russow[4]) besitzen die Blattleitbündel keine Endodermis; bei *Ophioglossum vulgatum* fehlt dieselbe auch im Rhizom.

Die Bündel sind in den Blatttheilen von *Ophioglossum* collateral, in denjenigen von *Botrychium*, wie Sachs[5]) angiebt, concentrisch. Im Stamm verschmelzen die Blattbündel zu einem Hohlcylinder oder bilden in demselben ein hohlcylindrisches Maschenwerk. Die Hydroiden sind nur im Rhizom und auch da nach Russow[6]) nicht bei *Ophioglossum vulgatum* mit Amylom untermengt. Ausserhalb des Hydroms erscheinen nach Janczewski[7]) Siebröhren anscheinend ordnungslos dem Amylom eingelagert. — Bei *Botrychium rutaefolium* wird der Hydroidenring des Rhizoms von einschichtigen Amylom-Markstrahlen durchsetzt, die mit dem Amylom des Siebtheils in Verbindung stehen[8]). Den Hydroiden unmittelbar aussen anliegend findet sich bei dieser Art, wie wir früher schon erwähnten, ein Cambium. Auf den dann aussen folgenden mit den Markstrahlen communicirenden Amylommantel folgt, wie Janczewski[9]) zeigte, ein continuirlicher Cylinder von dickwandigen, weitlichtigen Siebelementen, die nach Russow im fertigen Zustande von den angrenzenden Amylomzellen nicht scharf zu unterscheiden sind und die von diesem Autor als Protophloëm bezeichnet werden.

Der Markcylinder wird von keiner Endodermis abgegrenzt.

13. Marsiliaceae.

Die Stammleitbündel bilden bei den *Marsiliaceen* einen durch eine Endodermis von einem centralen Markparenchym oder oft Stärke führenden, zugfesten Stereomstrang getrennten Hohlcylinder, der gegen das äussere umgebende Grundparenchym ebenfalls durch eine Endodermis abgegrenzt erscheint. Die centrale Bündelpartie wird von einem innen und aussen von Amylomschichten (innere und äussere Xylemscheide) umzogenen Hadrom eingenommen. Die innere und äussere

1) V. U. p. 105–106.
2) p. 359.
3) Bot. Zeitung, 1876, p. 216.
4) V. U. p. 117.
5) l. c. p. 410.
6) V. U. p. 120.
7) l. c. 232.
8) Russow, V. U. p. 119. Tafel VII, Fig. 157.
9) l. c. p. 231.

Xylemscheide stehen zuweilen mit einander durch Amylombrücken, welche den Hydromcylinder durchschneiden, in Verbindung. Dieses centrale Hadrom wird innen und aussen von je einem Leptommantel umgeben, der jedoch gewöhnlich an einer oder mehreren Stellen durch Amylom unterbrochen wird, welches hierdurch eine Verbindung zwischen den an die äussere und innere Schutzscheide anstossenden Amylommänteln mit den Xylemscheiden herstellt. Die sämmtlichen Amylom-Elemente des Bündels hängen also durch gleichnamige Elemente zusammen.

Ueber der Abgangsstelle der Blattbündel steht durch eine Oeffnung in der beschriebenen Bündelröhre das Markparenchym mit dem das Bündel umschliessenden Parenchym in Verbindung, und an diesen Stellen communiciren in dem Leitbündel auch die inneren und äusseren Leptomelemente mit einander, da sich dieselben in den hier auf dem Querschnitt hufeisenförmig erscheinenden Bündeltheilen um die Pole des Hadroms herumziehen.

Wie Russow [1]) mittheilt, zeigen mehrere von den Zellen der Xylemscheide, zumal in der Nähe des Protohydroms mannichfache Aussackungen, die bis auf Weiteres wohl am besten als Lückenparenchym bezeichnet werden.

In dem dreiseitig prismatischen *Marsilia*-Blattbündel liegen zwei wie im Rhizom gebaute, wie die Schenkel eines V convergirende und sich berührende Hadromplatten. Die Amylomschichten, welche die Pole dieses Hadroms umziehen (Xylemscheide), berühren den an die Schutzscheide anliegenden Amylommantel (Phloëmscheide) in der gleichen Weise wie die Xylem- und Phloëmscheide in den Rhizombündeln der *Polypodiaceen*. Es ist also auch bei den *Marsiliaceen* zwischen sämmtlichen Amylom-Elementen eine Communication möglich. Die übrigbleibenden Bündelpartien zwischen den Schenkeln des V und rechts und links von dem V ausserhalb der Schenkel werden von je einem Siebröhrenstrang, untermischt mit Amylomzellen, durchzogen.

Im Wesentlichen den gleichen Bau zeigt nach Russow [2]) die Gattung *Pilularia*.

14. Salviniaceae.

Der centrale, cylindrische, concentrische Strang im Stämmchen von *Salvinia natans* wird nach Janczewski [3]) im Centrum von 7 bis 8 Hydroiden durchzogen, die ein stellenweise durch das die Grundmasse darstellende Parenchym (Amylom?) unterbrochenes Hydromband bilden. In dem Parenchym zwischen Endodermis und Hydrom

---

1) V. U. p. 6 und p. 101—102.
2) V. U. p. 18.
3) l. c. p. 242—243. Tafel V, Figur 1.

liegen zahlreiche mit einander mehr oder minder zusammenhängende Siebröhren.

Im Stammbündel von *Azolla* findet sich nach E. Strasburger[1]) ein centrales Hydrom. „Alle Gefässe sind von dünnwandigen langgezogenen Parenchymzellen umgeben, letztere stehen auch im Umkreise des ganzen Bündels."

Figuren-Erklärung der Tafel.

Fig. 1. Stück einer Stereïde aus dem Mestom des Blattstieles von *Adiantum trapeziforme* in der Längsansicht; *a* bei oberer, *b* bei unterer Einstellung. Es geht aus der Richtung der Tüpfel bei den verschiedenen Einstellungen hervor, dass dieselben linksschief angeordnet sind. — Vergrösserung: 320:1.

Fig. 2. Drei successive Querschnitte durch einen kleinen Theil des Hadroms aus dem Rhizom von *Pteris aquilina*. Die correspondirenden (identischen) oder doch nur durch Querwände getrennten Tracheïden sind auf den verschiedenen Schnitten durch die gleiche Bezifferung gekennzeichnet. Auf dem Schnitt *A* sind die beiden Amylomzellen *a b* allseitig von Hydroiden (2, 3, 4, 8) umgeben. Dieselben Zellen oder doch solche, die nur durch Quermembranen von ihnen getrennt sind, stehen auf dem Schnitt *B* durch die Amylomelemente *c d e* mit der ausserhalb das Hadrom umziehenden Amylomzone (Xylemscheide) *f g* in Verbindung. Auf dem dritten successiven Querschnitt *C* endlich schliessen sich den Zellen *a* und *b* auch nach einer zweiten Richtung gleichnamige Elemente (*h i k*) an. — Vergr. 213:1.

Fig. 3. Zwei successive Querschnitte durch einen kleinen Theil des Hadroms aus dem Stammbündel von *Alsophila microphylla* (aus dem Kgl. botan. Museum zu Berlin). Die auf den beiden Abbildungen correspondirenden oder durch Querscheidewände getrennten Hydroiden sind wieder übereinstimmend beziffert. Auf dem Schnitt *A* werden 4 Amylomzellen allseitig von Hydroiden (1, 2, 3, 4, 5, 7, 8) umgeben. Dieselben oder solche, die nur durch Querwände von ihnen geschieden sind, stehen auf dem Schnitt *B* durch gleichnamige Elemente mit dem Amylom ausserhalb des Hadroms in Communication. Die Hydroiden 1, 8, 7, 6 bilden die Grenze des Hadroms. — Vergr. 320:1.

Fig. 4. Drei successive Querschnitte durch einen Hadromtheil aus dem Gelenkpolster des Blattstieles von *Marattia laxa*. Die Membranen, welche die Hydroiden von den Amylomelementen trennen, sind breit dunkel ausgezogen. In *A* wird eine zwei- und eine dreizellige Amylomgruppe allseitig von Hydroiden umschlossen. Auf dem folgenden Querschnitt *B* stehen die beiden Gruppen (oder Zellen, die nur durch Querwände von diesen getrennt sind) untereinander und auch mit den Amylomzellen aus der Umgebung des Hadroms in Verbindung. Bei *C*, dem folgenden successiven Querschnitt, sind die Hydroiden noch weiter auseinander gerückt, so dass die Communication zwischen Aussen und Innen noch auffallender wird. — Vergr. 140:1.

Fig. 5. Stück einer Protoleptomzelle aus dem ganz jugendlichen Blattstielbündel von *Dicksonia antarctica*. Der Bau stimmt mit dem der Siebröhren vollkommen überein. — Vergr. 1375:1 (Immersion).

Fig. 6. Querschnitt durch den ganz jungen Blattstiel von *Adiantum pedatum* an der Grenzstelle zwischem dem Grundparenchym *Gr* und der jugendlichen Bündelanlage. *C* = Coleogen. *Pl* = Protoleptom. — Vergr. 320:1.

---

1) Ueber Azolla, Jena, 1873, p. 28.

Fig. 7. Querschnitt durch den jungen Blattstiel von *Pteris aquilina*. Die Bezeichnung wie bei Fig. 6. — Vergr. 320 : 1.

Fig. 8. Desgl. von *Pteris tremula*. — Vergr. 320 : 1.

Fig. 9. Desgl. von *Dicksonia antarctica*. — Vergr. 320 : 1.

Fig. 10. Querschnitte durch eine an das Grundparenchym grenzende Stelle der jungen Bündelanlage aus dem Rhizom von *Polypodium vulgare*. *Gr* = Grundparenchym, *C* = Coleogen, *Pl* = Protoleptom, *Ph* = Protohydrom. Auf beiden Schnitten berühren die Protohydromelemente auf der einen Seite das Coleogen und auf der anderen Seite das Procambium. In *A* ist das Protohydrom durch procambiale Zellen von dem Protoleptom geschieden, in *B* grenzt das Protohydrom unmittelbar an das Protoleptom. — Vergr. *A* = 220 : 1, *B* = 320 : 1.

Fig. 11. Desgl. von *Polypodium pustulatum*. Auch hier grenzen die Protohydromzellen *Ph* an den Hydrompolen der Rhizombündel unmittelbar an das Coleogen *C*. Protohydrom und Protoleptom berühren sich auf unserem Schnitt. — Vergr. ca. 117 : 1.

Fig. 12. Drei Längsschnitte durch das Coleogen und die daranstossenden Gewebetheile aus dem ganz jungen Blattstiel von *Dicksonia antarctica*. *Gr* = Grundparenchym, *C* = Coleogen, *Pr* = Procambium, *Pl* = Protoleptom. — Vergr. 213 : 1.

Fig. 13. Querschnitt durch ein kleineres Rhizombündel von *Polypodium glaucophyllum*. Die Lumina der Amylomelemente sind zur besseren Unterscheidung von den Leptomelementen schraffirt dargestellt. An den Polen des Hadroms beim Protohydrom *Ph* steht die den Hydromstrang umgebende Amylomzone (Xylemscheide) mit dem der Schutzscheide *E* anliegenden Amylommantel (Phloëmscheide) in Verbindung. Dem Letzteren liegen innen zwei gewöhnlich continuirliche, auf dem Querschnitt sichelförmige, schmale, aus kleinen dickwandigen Zellen zusammengesetzte Protoleptombänder an, deren Kanten durch die an den Polen befindlichen Amylomzellen von einander geschieden werden. Zwischen Protoleptom und Xylemscheide befindet sich auf jeder der Breitseiten des Hadroms ein Leptomband *L*. Das ganze Bündel wird von einer mechanischen Scheide umgeben, die durch Verdickung der dem Bündel zugekehrten Membranen des an die Schutzscheide stossenden Grundparenchyms entsteht. An den beiden Hydrompolen, namentlich bei *Ph Ph*, ist noch deutlich der Ursprung der vor den Polen liegenden Amylomelemente der Phloëm- und Xylemscheide und der in dem gleichen Radius liegenden Schutzscheidezellen aus einer gemeinsamen Mutterzelle zu erkennen. — Vergr. 320 : 1.

Alle Figuren, mit Ausnahme von Fig. 11, wurden mit dem Prisma aufgenommen.

Verbesserung.

In dem letzten Absatz des Abschnitts III B 6 über die Aufgabe der Endodermis wurden die Marattiaceen irrthümlich als in Blättern und Stamm endodermislos aufgeführt. Vergl. das über Danaea Gesagte im Abschnitt IV B 11.

Inhalts-Uebersicht.

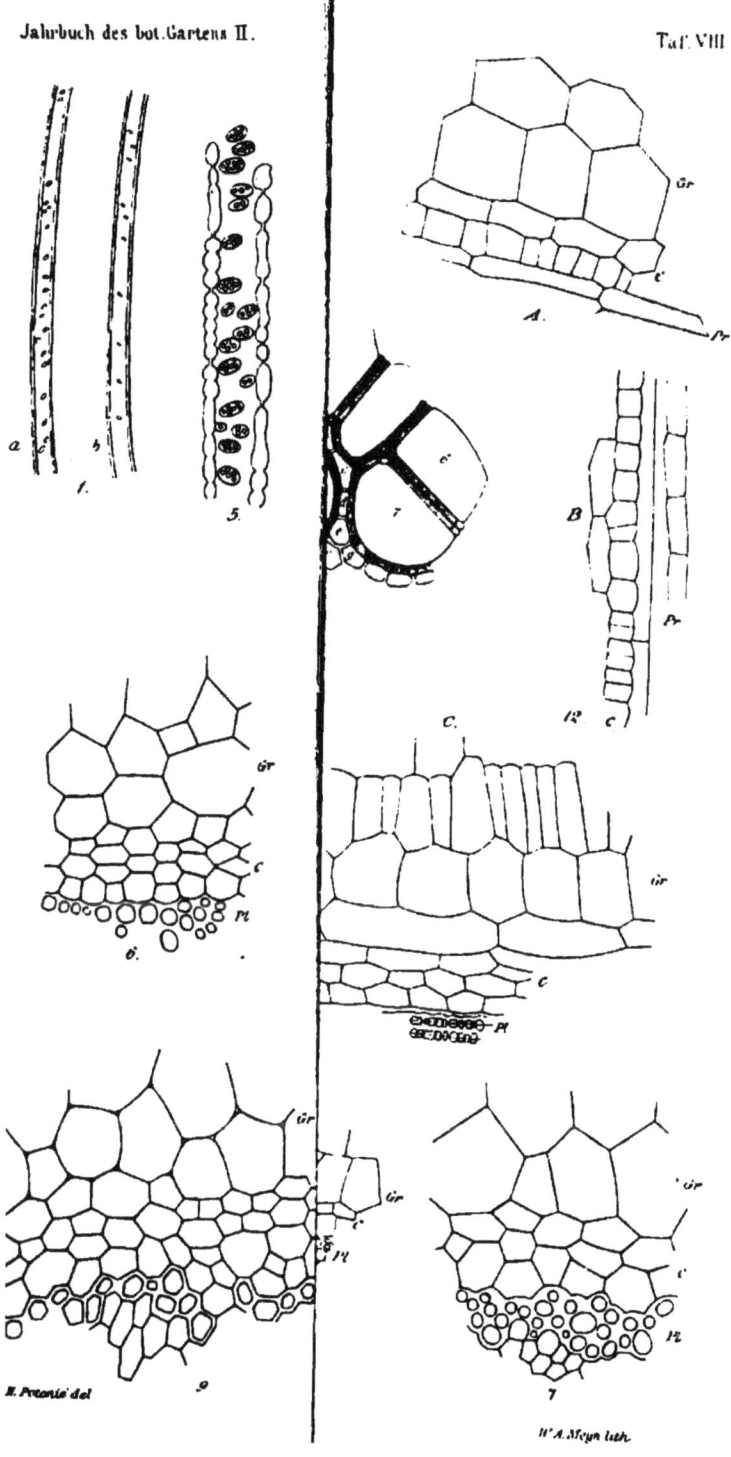